Deutsch kreativ

Hans-Peter Tiemann

Die Erbse auf der Prinzessin

W0242213

Andersens Märchen kreativ erschließen

40 Kopiervorlagen

Lernen mit Erfolg
KOHL VERLAG
Der Verlag mit dem Baum
www.kohlverlag.de

Die Erbse auf der Prinzessin

Andersens Märchen kreativ erschließen

1. Auflage 2010

Inhalt: Hans-Peter Tiemann
Illustration: Sonja Schultz
Grafik & Satz: Kohl-Verlag
Druck: Druckerei Ralf Küster, Aachen-Brand

Bestell-Nr. 10 991

ISBN: 3-86632-991-1
ISBN-13: 978-3-86632-991-1

Inhalt

Die Erbse auf der Prinzessin
Andersens Märchen kreativ erschließen - Bestell-Nr. 10 991
KOHL VERLAG Der Verlag mit dem Baum
www.kohlverlag.de

Vorwort

Sehr geehrte Kolleginnen und Kollegen,

die Prinzessin auf der Erbse auf der Prinzessin ... . Die fantasievollen, manchmal schrullig-schrägen Märchen des berühmten Dänen laden Kinder und Erwachsene zum Spielen mit Wörtern, Figuren und Handlungsentwürfen ein, denn sie stecken selbst voller Spielfreude und augenzwinkernder Ironie. Andersen hat sie für Groß und Klein gleichermaßen geschrieben. Seine Märchenfiguren von der Meerjungfrau über das hässliche Entlein bis zur Prinzessin auf der Erbse sind von ihrem Schöpfer allesamt mit liebenswerten menschlichen Zügen ausgestattet worden.

Und immer lässt er in seinen Texten Kinder zu Wort kommen, das träumende Kind im Märchen von den Schwefelhölzern oder das triumphierende Kind in „Des Kaisers neue Kleider".

Zudem sind Andersens Märchen voller Leerstellen: Überall finden sich sprachlich und gedanklich bloß hingetupfte Passagen, kleine Wendungen an die Leser, Unterbrechungen im Erzählfluss, Einladungen zum Weiterspinnen.

Im vorliegenden Heft sind dies die Eintrittskarten in die eigenen kindlichen Vorstellungswelten: Wie mag sie ausgesehen haben, die gewitternasse Erbsenprinzessin am Stadttor? Was sind das für Menschen, die am Mädchen mit den Schwefelhölzern vorübergehen?

Märchen können in der Schule sehr schnell durch fantasielos flache „Modernisierung" zerstört werden: Schneewittchen bekommt dann ein Handy in den Sarg gelegt und Hänsel und Gretel finden dank Navi durch den dunklen Wald nach Hause. Die so entstehenden Texte sind klischeehaft und respektlos, weil sie die Märchenvorlagen nur ausplündern und damit entzaubern.

Die Schreib- und Gestaltungsangebote auf den Folgeseiten laden dagegen dazu ein, in die fremde Welt der Märchen einzutauchen und sich im Milieu der Andersen-Figuren analytisch und textproduktiv zu bewegen. Im Mittelpunkt stehen szenische Umsetzungen, für die sich Andersens Märchen hervorragend eignen.

Im Heft wird zunächst jedes Märchen im Volltext präsentiert. Es folgen Arbeitsaufträge und Anregungen. Ein Lösungsteil schließt den Band ab. Das Material kann für den Lehrgang ebenso wie für die Gestaltung von Lernstationen und für die freie Arbeit eingesetzt werden. Sinnvoll ist es, im Klassenraum ein sinnlich komplexes Andersen-Märchenmilieu zu schaffen, in dem Märchenbücher ausliegen, ein „Märchenmuseum" mit kleinen Gegenständen zum Betrachten und zum Stöbern einlädt, viel gelesen, vorgelesen und szenisch inszeniert wird.

Märchenhafte Deutschstunden mit der „Erbse auf der Prinzessin" wünschen Ihnen der Kohl-Verlag und

Hans-Peter Tiemann

1 Ein Leben und vier Märchen

Hans Christian Andersen wird am 2. April 1805 in Odense, einer Stadt auf der dänischen Insel Fünen, geboren. Hier wächst er in sehr ärmlichen Verhältnissen auf. Sein Vater ist ein armer Schuhmacher, seine Mutter eine Wäscherin, die später im Armenhaus stirbt. Von Straßenjungen in Odense wird Andersen oft wie ein hässliches Entlein ausgestoßen und allein gelassen. Schon als Kind ist er von der Idee besessen, später einmal berühmt zu werden. Bereits in seiner Schulzeit schreibt er Gedichte, Theaterstücke, Romane und seine ersten Märchen. Schon früh hat er den Wunsch, aus dem Elternhaus fortzugehen. Mit 14 Jahren geht er nach Kopenhagen, um sich am Theater als Tänzer, Sänger oder Schauspieler zu bewerben. Der Junge klopft an die Türen der Reichen und gibt bei ihnen Vorstellungen. Bestimmt trifft er in der großen Stadt auch das kleine Mädchen mit den Schwefelhölzern.

Er singt, tanzt und spricht Texte vor. Die Ballettschule des Königlichen Theaters muss er wegen mangelnder Begabung wieder verlassen. Er beschließt nun, Dichter zu werden. Der Finanzbeamte und Theaterdirektor Jonas Collin wird für ihn zum Ersatzvater und Förderer, der sogar den König davon überzeugen kann, den Jungen auf Staatskosten zur Schule zu schicken. Er lebt also in guten finanziellen Verhältnissen dank der Unterstützung des Königs, nicht etwa des Kaisers. Neue Kleider kann er sich jedenfalls oft leisten.

Vor allem in Deutschland ist man von ihm begeistert. Hier wird er bald berühmt. Es sind besonders die Märchen, die seinen Weltruhm begründen. Sie machen ihn zum gefeierten Künstler, der vom dänischen König mit dem höchsten Orden des Landes ausgezeichnet wird. Auf zahlreichen Reisen durch Deutschland, England, Italien, Frankreich und die Türkei sammelt er Anregungen für seine Märchen. Lebte er heutzutage, hieße er „Der Fliegende". Koffer hat Andersen jedenfalls immer dabei.

Von 1838 an bekommt er ein monatliches „Dichtergehalt" vom dänischen König. Schließlich wird Andersen weltberühmt. Heutzutage gilt er als einer der meist gelesenen Schriftsteller der Welt. Sein gesamtes Werke umfasst 18 Bände mit zahlreichen Romanen, Gedichten und einer Lebensbeschreibung. Nur drei Bände davon sind Märchenbücher. Oft fertigt er phantasievolle Scherenschnitte an, insgesamt mehr als 800.

Andersen verliebt sich mehrfach in Frauen, die für ihn jedoch unerreichbar bleiben, etwa in die berühmte Sängerin Jenny Lind. Kurz nachdem er Riborg Voigt, die Schwester des Studienfreundes Christian Voigt, kennen lernt, verliebt er sich unsterblich in sie. Doch sie ist schon einem anderen Mann versprochen. Ihren Abschiedsbrief trägt er sein ganzes Leben lang in einem Ledersäckchen auf dem Herzen. Auch seine Suche nach Freundschaft wird kaum erwidert, sodass er ohne feste Beziehung allein bleibt.

Als er am 4. August 1875 in Kopenhagen stirbt, hat er etwa 160 Märchen geschrieben, die bis heute in über 120 Sprachen übersetzt wurden.

EA **Aufgabe 1:** *Die Titel von vier Märchen von Hans Christian Andersen sind in dieser Lebensgeschichte versteckt. Finde sie und unterstreiche sie.*

EA **Aufgabe 2:** *Beschreibe, welche Ereignisse im Leben von H.C. Andersen „märchenhaft" klingen.*

2 Drei Märchenrätsel

Suche missglückt,
Prinz halb verrückt,
kehrt heim bedrückt.
Im Regen gebückt
kommt SIE angerückt.
Bett wird bestückt,
Gemüse gepflückt,
SIE kreischt: „Es drückt!“
Mama ist entzückt.
Palast wird geschmückt,
paar Stühle gerückt,
vorm Altar gebückt,
Kuss aufgedrückt,
Ringe gezückt,
Hochzeit geglückt!

EA **<u>Aufgabe 1</u>:** *Lies das Gedicht und finde heraus, welches Märchen von H.C. Andersen hier dargestellt wird.*

GA **<u>Aufgabe 2</u>:** *Spielt, während das Gedicht ganz langsam vorgelesen wird, dazu die Handlung der einzelnen Strophen pantomimisch, das heißt ohne Worte. Schlüpft dazu in die passenden Rollen.*

EA **<u>Aufgabe 3</u>:** *Finde heraus, welche zwei Märchen von H.C. Andersen in den beiden folgenden Gedichten gemeint sind. Begründe deine Meinung.*

Kaiser stolziert, Volk applaudiert, Kind protestiert: „Der ist nackt kostümiert!“	Vögelchen ist depressiv, Bauch zu dick und Schnabel schief, überall wird`s bös „gedisst“, nur weil es ein Schwänchen ist.

___________________________ ___________________________

___________________________ ___________________________

___________________________ ___________________________

___________________________ ___________________________

___________________________ ___________________________

Die Erbse auf der Prinzessin
Andersens Märchen kreativ erschließen - Bestell-Nr. 10 991
KOHL VERLAG Der Verlag mit dem Baum www.kohlverlag.de

3 Die Prinzessin auf der Erbse

Es war einmal ein Prinz, der wollte eine Prinzessin heiraten, aber es sollte eine wirkliche Prinzessin sein. Da reiste er in der ganzen Welt herum, um eine solche zu finden, aber überall war da etwas im Wege. Prinzessinnen gab es genug, aber ob es wirkliche Prinzessinnen waren, konnte er nicht herausfinden, immer war etwas, was nicht in Ordnung war. Da kam er wieder nach Hause und war ganz traurig, denn er wollte doch gern eine wirkliche Prinzessin haben.

Eines Abends zog ein furchtbares Wetter auf; es blitzte und donnerte, der Regen stürzte herunter, es war ganz entsetzlich. Da klopfte es an das Stadttor, und der alte König ging hin, aufzumachen.

Es war eine Prinzessin, die draußen vor dem Tore stand. Aber, wie sah sie vom Regen und dem bösen Wetter aus! Das Wasser lief ihr von den Haaren und Kleidern herunter, und lief in die Schnäbel der Schuhe hinein und aus den Hacken wieder heraus, und sie sagte, dass sie eine wirkliche Prinzessin sei.

„Ja, das werden wir schon erfahren!“, dachte die alte Königin, aber sie sagte nichts, ging in die Schlafkammer hinein, nahm alle Betten ab und legte eine Erbse auf den Boden der Bettstelle. Darauf nahm sie zwanzig Matratzen, legte sie auf die Erbse, und dann noch zwanzig Eiderdaunenbetten oben auf die Matratzen.

Da sollte nun die Prinzessin die ganze Nacht liegen.

Am Morgen wurde sie gefragt, wie sie geschlafen habe.

„O, schrecklich schlecht!“, sagte die Prinzessin. „Ich habe meine Augen die ganze Nacht nicht geschlossen! Gott weiß, was da im Bette gewesen ist. Ich habe auf etwas Hartem gelegen, sodass ich ganz braun und blau über meinem ganzen Körper bin! Es ist ganz entsetzlich!“

Nun sahen sie wohl, dass es eine wirkliche Prinzessin war, da sie durch die zwanzig Matratzen und die zwanzig Eiderdaunenbetten die Erbse verspürt hatte. So empfindlich konnte niemand sein, außer einer wirklichen Prinzessin.

Da nahm der Prinz sie zur Frau, denn nun wusste er, dass er eine wirkliche Prinzessin besitze, und die Erbse kam auf die Kunstkammer, wo sie noch zu sehen ist, wenn sie niemand genommen hat.

Sieh, das ist eine wahre Geschichte.

Die Erbse auf der Prinzessin
Andersens Märchen kreativ erschließen - Bestell-Nr. 10 991
KOHL VERLAG Der Verlag mit dem Baum
www.kohlverlag.de

3 Die Prinzessin auf der Erbse

„Da reiste er in der ganzen Welt herum, um eine solche zu finden, aber überall war da etwas im Wege."

Kleine Schwächen

Herta kleckert mit der Suppe,
Klara popelt immerzu,
Sonja spielt noch mit der Puppe,
Berta furzt beim Rendezvous.

Frauke fehlen Tischmanieren.
Frieda kann so allerhand,
könnte glatt mein Herz verlieren,
hätte sie nur mehr Verstand!

Rosalind ist meist besoffen,
Gerda flunkert wie gedruckt.
Friedas Blick hat mich getroffen.
leider flucht sie wild und spuckt.

Edelgard hält nie den Schnabel.
Adelheid trägt ein Tattoo.
Siv hat 'nen gepiercten Nabel,
grüne Socken, lila Schuh.

Paula nennt mich „Süßer Schlingel!"
Hilde ist mir viel zu kess.
Ach, ich glaub, ich bleibe Single,
das erspart 'ne Menge Stress!

EA

Aufgabe 1: *Dieses Gedicht könnte der Prinz gesprochen haben. Schlüpfe in seine Rolle und lies es im Ton der Enttäuschung vor.*

EA

Aufgabe 2: *Erzähle aus seiner Sicht von einigen Begegnungen mit diesen Mädchen. Gehe dabei auf ihre angeblichen Schwächen ein.*

GA

Aufgabe 3: **Prinzentratsch**

Edelgart, Herta, Frauke, Frieda und die anderen angeblichen Prinzessinnen sehen das natürlich ganz anders. Stell dir vor, sie treffen sich und tratschen über den Prinzen. Schreibe ihr Gespräch auf und spiele es anschließend mit Partnern vor.

Die Erbse auf der Prinzessin
Andersens Märchen kreativ erschließen - Bestell-Nr. 10 991
KOHL VERLAG Der Verlag mit dem Baum
www.kohlverlag.de

3 Die Prinzessin auf der Erbse

„Eines Abends zog ein furchtbares Wetter auf; es blitzte und donnerte, der Regen stürzte herunter, es war ganz entsetzlich. Da klopfte es an das Stadttor, und der alte König ging hin, aufzumachen.

Es war eine Prinzessin, die draußen vor dem Tore stand. Aber, wie sah sie vom Regen und dem bösen Wetter aus! Das Wasser lief ihr von den Haaren und Kleidern herunter, und lief in die Schnäbel der Schuhe hinein und aus den Hacken wieder heraus, und sie sagte, dass sie eine wirkliche Prinzessin sei.“

EA

Aufgabe 4: Wettervorhersage

Lies den Text und schreibe eine passende „Wettervorhersage für das Märchenland“, die für jenen Abend zutrifft. Trage sie der Klasse vor.

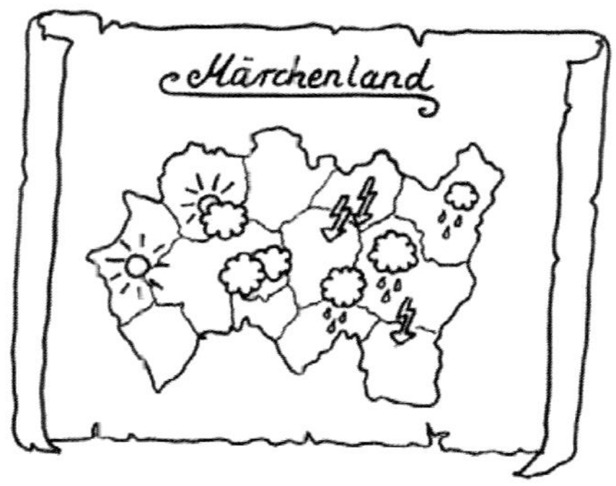

EA

Aufgabe 5: Auf Regen folgt Sonnenschein

Zeichne zwei Bilder. Auf dem ersten sieht man die Prinzessin zerzaust im Regen vor dem Stadttor, auf dem zweiten steht sie strahlend im Sonnenschein. Zeichne das zweite Bild so, dass man sie auf Anhieb als Prinzessin erkannt und ihr die Erbsenprobe erspart hätte.

EA

Aufgabe 6: Befragung am Stadttor

Schlüpfe mit einer Partnerin oder mit einem Partner in die Rollen des Königs und der Prinzessin. Spielt die Szene am Stadttor. Hier kommt es zu einer ersten Befragung, in deren Verlauf sich die Prinzessin allerhand einfallen lassen muss, um zu erklären, warum sie hier so ganz allein, ohne Kutsche und Begleitung im Unwetter am Stadttor erscheint. Lass dir eine eigene Vorgeschichte einfallen oder benutze eine der Erzählideen aus der Märchenbox:

Märchenbox

Die Kutschenpanne – Hoffnungslos verirrt – Der Überfall im Märchenwald – Die Wette mit der Schwester – Die böse Stiefmutter – Das Ungeheuer – Die Verwechslung

EA

Aufgabe 7: *Schreibe eine dieser Vorgeschichten aus der Sicht der Prinzessin als Ich-Erzählung auf.*

Die Erbse auf der Prinzessin
Andersens Märchen kreativ erschließen - Bestell-Nr. 10 991
KOHL VERLAG Der Verlag mit dem Baum
www.kohlverlag.de

3 Die Prinzessin auf der Erbse

»Ja, das werden wir schon erfahren!« dachte die alte Königin, aber sie sagte nichts, ging in die Schlafkammer hinein, nahm alle Betten ab und legte eine Erbse auf den Boden der Bettstelle. Darauf nahm sie zwanzig Matratzen, legte sie auf die Erbse, und dann noch zwanzig Eiderdaunenbetten oben auf die Matratzen. Da sollte nun die Prinzessin die ganze Nacht liegen.

Die Erbsenprobe

Aber Herr Andersen, am Hofe hat man für so eine Erbsen-Prüfaktion doch Personal: Wozu gibt es Hofdiener und Kammerzofen! Stellen wir uns den tollpatschigen Hofdiener „Konrad“ vor, der zusammen mit der Kammerzofe „Hildegard“ die Erbsenprobe für die fremde Prinzessin vorbereiten soll:

Hildegard: Konrad, wiederhole den Auftrag, den uns die Königin gab!

Konrad: Wir nehmen eine königliche Erbse, legen sie ins Bett, lesen ihr eine Erbsenschlummergeschichte vor, wünschen ihr eine gute Nacht und fragen sie am nächsten Morgen, wie sie geschlafen hat.

Hildegard: Unsinn, du Dummkopf! Es geht um die fremde Prinzessin. Wir schieben sie unter einen Stapel von zwanzig Matratzen.

Konrad: Die arme Prinzessin, das wird sie nicht überleben!

EA

Aufgabe 8: *Setze das Gespräch schriftlich mit weiteren Missverständnissen und Verwechslungen fort. Dabei kannst du Anregungen aus der königlichen Ideenkiste benutzen:*

Ideenkiste für königliche Missverständnisse

Erbsensuppe kochen – zwanzig Prinzessinnen – Königin ins Bett – schnarchende Erbsen – Eiderdaunen rupfen – Bettenburg bauen – Matratzenturm errichten – Matratzenwurm vernichten – Königliche Kissenschlacht veranstalten

EA

Aufgabe 9: *Die alte Königin wurde damals, als sie als junge Prinzessin an den Hof kam, ebenfalls einer Prüfung unterzogen. Schlüpfe in ihre Rolle und erzähle aus der Sicht der Königin von ihren Erlebnissen bei einer dieser Prüfungen:*

Meine Bügeleisenprüfung

Meine Spinnenprüfung

Meine Puddingprüfung

Meine Krönchenprüfung

Die Erbse auf der Prinzessin
Andersens Märchen kreativ erschließen - Bestell-Nr. 10 991
KOHL VERLAG Der Verlag mit dem Baum
www.kohlverlag.de

3 Die Prinzessin auf der Erbse

Der Matratzenturm

Was denkt so eine Prinzessin wohl, wenn sie ins Schlafgemach geführt wird und den hohen, schwankenden Turm aus zwanzig Matratzen und zwanzig Eiderdaunendecken erblickt? Bestimmt wird sie nicht schweigend die Leiter erklimmen, sondern erst einmal protestieren. Dabei könnte es zu diesem Gespräch kommen:

Königin: Bitte sehr, Prinzessin, Ihr Bett!

Prinzessin: Aber, Majestät, ich bin nicht schwindelfrei...

Königin: Wie bitte?

Prinzessin: Seitdem ich als Kind von den Zinnen unserer Burgmauer in den Wassergraben gestürzt bin, leide ich unter schrecklicher Höhenangst.

Königin: Aber es sind doch nur Matratzen, Prinzessin.

Prinzessin: Außerdem habe ich ...

GA

Aufgabe 10: *Setzt das Gespräch schriftlich fort, indem ihr weitere Ausreden der Prinzessin erfindet. Schlüpft anschließend in die Rollen von Königin und Prinzessin und lest eure Ergebnisse mit verteilten Rollen vor.*

Merkwürdige Bräuche

Lassen wir die Prinzessin den Matratzenturm schließlich ersteigen. Als die Königin das Schlafgemach verlassen hat, schreibt die Prinzessin heimlich einen Brief an ihre beste Freundin Anastasia, in dem sie ihr mitteilt, was sie am Hofe erlebt.

EA

Aufgabe 11: *Setze den folgenden Text fort und stelle die Gedanken und Gefühle der Prinzessin im Brief dar. Erwähne auch ihre Absichten ... .*

Liebe Anastasia,
hier am Hofe gehen merkwürdige Dinge vor sich. Zur Zeit liege ich auf...

Die Erbse auf der Prinzessin
Andersens Märchen kreativ erschließen - Bestell-Nr. 10 991
KOHL VERLAG Der Verlag mit dem Baum
www.kohlverlag.de

4 Der Schweinehirt

Es war einmal ein armer Prinz. Er hatte ein Königreich, welches ganz klein war, aber es war immer noch groß genug, um darauf zu heiraten, und verheiraten wollte er sich.

Nun war es freilich etwas keck von ihm, dass er zur Tochter des Kaisers zu sagen wagte: „Wills du mich haben?“ Aber er wagte es doch, denn sein Name war weit und breit berühmt. Es gab Hunderte von Prinzessinnen, die gern ja gesagt hätten, aber ob es die Auserwählte wohl tun würde?

Nun, wir wollen sehen.

Auf dem Grabe des Vaters des Prinzen war ein Rosenstrauch, ein gar herrlicher Rosenstrauch! Der blühte nur jedes fünfte Jahr, und auch dann trug er nur eine einzige Rose, aber was für eine Rose! Die duftete so süß, dass man alle seine Sorgen und all seinen Kummer vergaß, wenn man daran roch. Und dann hatte er eine Nachtigal, die konnte singen, als ob alle schönen Melodien in ihrer kleinen Kehle säßen.

Diese Rose und diese Nachtigal sollte die Prinzessin haben, und deshalb wurden sie beide in große Silberbehälter gesetzt und ihr zugesandt. Der Kaiser ließ sie vor sich her in den großen Saal tragen, wo die Prinzessin war und „Es kommt Besuch“ mit ihren Hofdamen spielte. Und als sie die großen Behälter mit den Geschenken darin erblickte, klatschte sie vor Freude in die Hände. „Wenn es doch eine kleine Miezekatze wäre!“, sagte sie. – Aber da kam der Rosenstrauch mit der herrlichen Rose hervor.

„Nein, wie ist die niedlich gemacht!“, sagten alle Hofdamen.
„Sie ist mehr als niedlich“, sagte der Kaiser, „sie ist charmant!“
Aber die Prinzessin befühlte sie, und da war sie nahe daran, zu weinen.
„Pfui, Papa!“, sagte sie. „Sie ist nicht künstlich, sie ist natürlich!“
„Pfui!“, sagten alle Hofdamen, „sie ist natürlich!“

„Lasst uns erst sehen, was in dem anderen Behälter ist, ehe wir böse werden“, meinte der Kaiser. Und da kam die Nachtigall heraus. Sie sang so schön, dass man nicht gleich etwas Böses gegen sie vorzubringen wusste.

„Superbe, charmant!“, sagten die Hofdamen, denn sie plauderten alle französisch, eine immer ärger als die andere.

„Wie aber der Vogel mich an die Spieldose der seligen Kaiserin erinnert“, sagte ein alter Kavalier, „ach, das ist ganz derselbe Ton, derselbe Vortrag!“

„Ja,“ sagte der Kaiser, und dann weinte er wie ein kleines Kind. „Es wird doch hoffentlich kein natürlicher sein?“, fragte die Prinzessin. „Ja, es ist ein natürlicher Vogel“, sagten die, die ihn gebracht hatten. „So lasst den Vogel fliegen,“ sagte die Prinzessin, und sie wollte auf keine Weise gestatten, dass der Prinz käme.

Die Erbse auf der Prinzessin
Andersens Märchen kreativ erschließen - Bestell-Nr. 10 991
KOHL VERLAG Der Verlag mit dem Baum
www.kohlverlag.de

4 Der Schweinehirt

Aber der ließ sich nicht einschüchtern. Er bemalte sich das Gesicht braun und schwarz, zog die Mütze tiefer über den Kopf und klopfte an.

„Guten Tag, Kaiser!“, sagte er, „könnte ich nicht hier auf dem Schlosse eine Anstellung bekommen?“

„Ja,“ sagte der Kaiser, „es sind aber so sehr viele , die um Anstellung bitten. Ich weiß also nicht, ob es sich machen lässt, ich werde aber an dich denken. - Doch, da fällt mir eben ein, ich brauch jemanden, der die Schweine hüten kann, denn wir haben viele, sehr viele.“

Und der Prinz wurde angestellt als kaiserlicher Schweinehirt. Er bekam eine jämmerlich kleine Kammer unten beim Schweinekoben, und hier musste er bleiben.

Den ganzen Tag saß er und arbeitete, und als es Abend war, hatte er einen niedlichen, kleinen Topf gemacht, rings um denselben waren Schellen, und sobald der Topf kochte, klingelten sie aufs schönste und spielten die alte Melodie:

Ach, du lieber Augustin,
Alles ist hin, hin, hin!

Aber das Allerkünstlichste war doch, dass man, wenn man den Finger in den Dampf des Topfes hielt, sogleich riechen konnte, welche Speisen auf jedem Feuerherd der Stadt zubereitet wurden. Das war wahrlich etwas ganz anderes als die Rose.

Nun kam die Prinzessin mit allen ihren Hofdamen dahergespaziert, und als sie die Melodie hörte, blieb sie stehen und sah ganz erfreut aus, denn sie konnte auch „Ach, du lieber Augustin“ spielen. Es war die einzige Melodie, die sie kannte, aber sie spielte sie mit einem Finger.

„Das ist ja das, was ich kann!“, sagte sie. „Es muss ein gebildeter Schweinehirt sein! Höre, geh hinunter und frage ihn, was das Instrument kosten soll!“

Und da musste eine der Hofdamen hinuntergehen, aber sie zog Holzpantoffeln an.

„Was willst du für den Topf haben?“, fragte die Hofdame.

„Ich will zehn Küsse von der Prinzessin haben“, sagte der Schweinehirt.

„Gott bewahre!“, sagte die Hofdame.

„Ja, für weniger tue ich es nicht,“ antwortete der Schweinehirt.

„Nun, was antwortete er?“, fragte die Prinzessin.

„Das kann ich gar nicht sagen,“ antwortete die Hofdame.

„Ei, so kannst du es mir ins Ohr flüstern.“

Die Erbse auf der Prinzessin
Andersens Märchen kreativ erschließen - Bestell-Nr. 10 991
KOHL VERLAG
www.kohlverlag.de

4 Der Schweinehirt

„Es ist unartig!“, sagte die Prinzessin, und dann ging sie. Aber als sie ein kleines Stück gegangen war, erklangen die Schellen so lieblich:
Ach, du lieber Augustin,
Alles ist hin, hin, hin!
„Höre,“ sagte die Prinzessin, „frage ihn, ob er zehn Küsse von meinen Hofdamen haben will!“
„Ich danke schön“, sagte der Schweinehirt, „zehn Küsse von der Prinzessin oder ich behalte meinen Topf.“

„Das ist doch langweilig,“ sagte die Prinzessin. „Aber dann müsst ihr euch vor mich stellen, damit es niemand sieht.“
Und die Hofdamen stellten sich davor, und dann breiteten sie ihre Kleider aus, alsdann bekam der Schweinehirt zehn Küsse, und sie erhielt den Topf.

Nun, das war eine Freude! Den ganzen Abend und den ganzen Tag musste der Topf kochen, es gab nicht einen Feuerherd in der ganzen Stadt, von dem sie nicht wussten, was darauf gekocht wurde, sowohl beim Kammerherren wie auch beim Schuhmacher. Die Hofdamen tanzten und klatschten in die Hände.
„Wir wissen, wer Suppe und Eierkuchen essen wird, wir wissen, wer Grütze und Karbonade bekommt, wie ist das doch interessant!“
„Sehr interessant!“, sagte die Oberhofmeisterin.
„Ja, aber haltet den Mund, denn ich bin des Kaisers Tochter.“
„Jawohl, das versteht sich!“, sagten alle.

Der Schweinehirt, das heißt der Prinz – aber sie wussten es ja nicht anders, als dass er ein wirklicher Schweinehirt sei – ließ keinen Tag verstreichen, ohne etwas zu tun. Und so machte er eine Knarre. Wenn man sie herumschwang, erklangen all die Walzer, Hopser und Polkas, die man seit Erschaffung der Welt gekannt hat.
„Aber das ist superbe,“ sagte die Prinzessin, indem sie vorbei ging. „Ich habe nie eine schönere Komposition gehört. Höre, gehe hinunter und frage ihn, was das Instrument kosten soll. Aber ich küsse ihn nicht wieder.“

4 Der Schweinehirt

„Er will hundert Küsse von der Prinzessin haben," sagte die Hofdame, welche hinuntergegangen war, um zu fragen.

„Ich glaube, er ist verrückt!", sagte die Prinzessin und dann ging sie, aber als sie ein kleines Stück gegangen war, blieb sie stehen. „Man muss zur Kunst aufmuntern," sagte sie. „Ich bin des Kaisers Tochter! Sage ihm, er solle, wie neulich, zehn Küsse haben, den Rest kann er von meinen Hofdamen bekommen."

„Ach, aber wir tun es so ungern!", sagten die Hofdamen.

„Das ist Geschwätz," sagte die Prinzessin. „Und wenn ich ihn küssen kann, so könnt ihr es auch. Bedenke, ich gebe euch Kost und Lohn." Und nun mussten die Hofdamen wieder zu ihm hinunter.

„Hundert Küsse von der Prinzessin," sagte er, „oder jeder behält das Seine."

„Stellt euch vor uns," sagte sie alsdann, und da stellten sich alle Hofdamen davor, und nun küsste er die Prinzessin.

„Was mag das wohl für ein Auflauf beim Schweinekoben sein?", fragte der Kaiser, welcher auf den Balkon hinausgetreten war. Er rieb sich die Augen und setzte sich die Brille auf. „Das sind ja die Hofdamen, die da ihr Wesen treiben. Ich werde wohl zu ihnen hinunter müssen." Und so zog er seine Hausschuhe hinten herauf, denn es waren Schuhe, die er zu Pantoffeln niedergetreten hatte.

Potz Wetter, wie er sich sputete!

Sobald er in den Hof hinunter kam, ging er ganz leise, und die Hofdamen hatten so viel damit zu tun, die Küsse zu zählen, damit es ehrlich zugehe, dass sie den Kaiser gar nicht bemerkten. Er erhob sich auf den Zehen.

„Was ist das?", sagte er, als er sah, dass sie sich küssten. Und dann schlug er die Küssenden mit einem seiner Pantoffel an die Köpfe, gerade, als der Schweinehirt den sechsundachtzigsten Kuss erhielt.

„Packt euch!", sagte der Kaiser, denn er war böse. Und sowohl die Prinzessin als auch der Schweinehirt wurden aus seinem Kaiserreiche ausgestoßen.

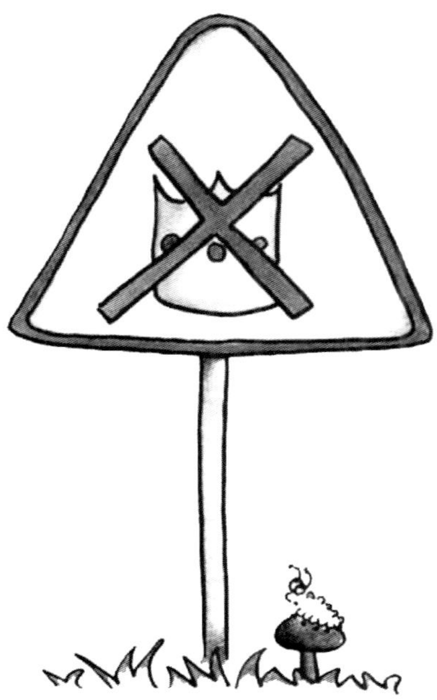

Die Erbse auf der Prinzessin
Andersens Märchen kreativ erschließen - Bestell-Nr. 10 991
KOHL VERLAG
www.kohlverlag.de

4 Der Schweinehirt

Da stand sie nun und weinte, der Schweinehirt schalt, und der Regen strömte hernieder. „Ach, ich elendes Geschöpf", sagte die Prinzessin, „hätte ich doch den schönen Prinzen genommen. Ach, wie unglücklich bin ich!"
Und der Schweinehirt ging hinter einen Baum, wischte das Schwarze und Braune aus seinem Gesicht, warf die schlechten Kleider von sich und trat in seiner Prinzentracht hervor, so schön, dass die Prinzessin sich verneigen musste.
„Ich bin nun dahin gekommen, dass ich dich verachte," sagte er. „Du wolltest keinen ehrlichen Prinzen haben, du verstandest dich nicht auf die Rose und auf die Nachtigall, aber den Schweinehirten konntest du für eine Spielerei küssen, das hast du nun dafür!"
Und dann ging er in sein Königreich und machte ihr die Tür vor der Nase zu. Da konnte sie draußen stehen und singen:
„Ach, du lieber Augustin,
Alles ist hin, hin, hin!"

Interview mit Prinz Anton

Textbezug: Z. 1-6

Was für ein merkwürdiger Prinz! Der Mann, nennen wir ihn Anton, hat kaum Landbesitz, ist jedoch berühmt, wird von Prinzessinnen umschwärmt, ist aber arm und nicht gerade bescheiden, wenn es um Liebesdinge geht ... .

EA

Aufgabe 1: *Schlüpfe in die Rolle einer Reporterin/eines Reporters der Märchenland-Morgenpost (MM). Finde heraus, wie der Prinz bisher gelebt hat. Stelle ihm dazu einige Fragen und schreibe sie zusammen mit den Antworten auf. Lies dein Interview anschließend mit einem Partner vor. Benutze diesen Beginn:*

MM: Wie groß ist Ihr Königreich, Prinz?

Anton: Nun ja, wenn ich aus dem Palastfenster nach Norden blicke, dann ...

MM: Besaßen Sie früher einmal mehr Land?

Anton: ...

Die Erbse auf der Prinzessin
Andersens Märchen kreativ erschließen - Bestell-Nr. 10 991
KOHL VERLAG
www.kohlverlag.de

4 Der Schweinehirt

Prinzessinnen-Tratsch

Textbezug: Z. 6

GA

Aufgabe 2: *Zu Beginn des Märchens heißt es: „Es gab Hunderte von Prinzessinnen, die gern ja gesagt hätten..." Denkt euch aus, warum Prinz Anton bei den Prinzessinnen so begehrt ist. Liegt es etwa an seiner sportlichen Figur? Liegt es daran, dass er ein Herz für die Armen hat?*
Schreibt das Gespräch zwischen einigen Verehrerinnen des Prinzen, in dem sie ihre Meinungen austauschen und von ihm schwärmen.

Der Brief an die Prinzessin

Textbezug: Z. 16-18

EA

Aufgabe 3: *Bestimmt hat Prinz Anton einen Brief zu den Geschenken gelegt, in dem er der Prinzessin mitteilt, warum er ausgerechnet die Rose und die Nachtigall für sie ausgewählt hat. Schreibe diesen Brief.*

GA

Aufgabe 4: *Vielleicht richtet ihr eine „Poststelle" in der Klasse ein. In einem Briefkasten werden alle Briefe des Prinzen, vielleicht auch Antwortbriefe der Prinzessin – Aufgabe 3 - gesammelt.*

Das königliche Duftregal

GA

Aufgabe 5: *Prinz Anton mag Düfte. Richtet im Klassenraum ein Regal mit den Lieblingsdüften des Prinzen ein. Dazu müsst ihr keine ätherischen Öle oder Parfüms benutzen. Ebenso gut sind ganz und gar leere Gläser und Flaschen, auf die ihr Etiketten klebt und für die ihr Schilder schreibt. Lasst euch fantasievolle Gerüche einfallen. Wie wäre es etwa mit dem „Duft einer Seerose auf dem königlichen Hofteich im Mondschein", dem „Fellgeruch des frisch gewaschenen Palasthundes" oder dem „Duft der elfenbeinernen Armlehne des königlichen Thrones."*

Die Prinzessin antwortet

Textbezug: Z. 16-45

EA

Aufgabe 6: *Schreibe den Antwortbrief der Prinzessin an Prinz Anton. Sie schreibt ihm, nachdem sie die Geschenke betrachtet hat. Im Brief spricht sie über das, was sie lieber mag.*

Die Erbse auf der Prinzessin
Andersens Märchen kreativ erschließen - Bestell-Nr. 10 991
KOHL VERLAG Der Verlag mit dem Baum
www.kohlverlag.de

4 Der Schweinehirt

Zofenzoff am Hofe

Aufgabe 7: *Im Märchen redet das gesamte Personal der Prinzessin nach dem Munde. Stellt euch aber vor, es gäbe Widerspruch. Setzt den Auftritt der Hofdamen mit weiteren Dialogen fort:*

Marie: Hast du gehört, wie sich unser verwöhntes Prinzesschen heute benommen hat?

Klara: Sprich nicht so über die Majestät.

Marie: Wenn mir jemand so eine Nachtigall schenkte, ich würde sie...

Klara: Wer sollte dir schon so etwas schenken?

Vom Küssen

Der Prinz ist unmöglich! Ein Kuss sollte immer der zärtliche Ausdruck von Liebe und Zuneigung sein. – **Tim**

Man sollte nur die Person küssen, die man wirklich mag und der man vertrauen kann. – **Greta**

Der Prinz handelt korrekt: Topf und Knarre gegen Küsse, das ist ein fairer Handel. – **Leon**

Aufgabe 8: *Sprecht über das Verhalten des Prinzen und nehmt zu den Positionen von Tim, Greta und Leon Stellung.*

Aufgabe 9: *Diskutiert auch diese Meinung: Der Prinz rächt sich an der Prinzessin, indem er ihr etwas „Künstliches“ anbietet und dafür etwas „Natürliches“ von ihr verlangt.*

Die Erbse auf der Prinzessin
Andersens Märchen kreativ erschließen - Bestell-Nr. 10 991
KOHL VERLAG Der Verlag mit dem Baum
www.kohlverlag.de

4 Der Schweinehirt

Prinzesschen von heute

GA

Aufgabe 10: *Spielt in der Klasse das Spiel „Natürliches und Künstliches.“ Dazu verwandelt sich die Hälfte der Klasse in anspruchsvolle Prinzessinnen (und Prinzen) mit einer Vorliebe für alles Künstliche, die andere Hälfte bietet „natürliche“ Geschenke und Vorschläge für Freizeit und Schule an. Jeder Vorschlag beginnt mit den Worten: „Prinzessin, wie wär's mit ... Sofort folgt die Ablehnung mit den Worten: „Nein danke, mein Prinz, ich bevorzuge...“*
Ermittelt die fantasievollste Prinzessin oder den fantasievollsten Prinzen nach eigenen Spielregeln. Hier eine Anregung für erste Dialoge:

„Prinzessin, wie wär's mit einem Sonntagsausflug ins Schwimmbad?“ – „Nein danke, ich bevorzuge das Computerspiel „Haie im Planschbecken“. „Prinzessin, wie wär's mit einem Zoobesuch?“ – „Nein danke, ich bevorzuge...“

GA

Aufgabe 11: *Wie denkt ihr selbst über „Natürliches“ und „Künstliches“ im Leben? Tauscht eure Meinungen aus, geht dazu noch einmal auf das Märchen ein.*

Die Erzählabschnitte

Der Prinz fertigt eine Knarre an. (T) – Die Prinzessin ist enttäuscht. (L) – Ein armer Prinz begehrt die Tochter des Kaisers. (A) – Die Prinzessin erküsst sich den Topf. (S) – Der Prinz gibt sich der Prinzessin zu erkennen. (N) – Die Prinzessin fragt nach dem Topf. (I) – Der Prinz verstößt die Prinzessin (!) – Der Kaiser überrascht und vertreibt die Tochter und den Prinzen. (I) – Der Prinz fertigt einen Topf an. (S) – Die Prinzessin erküsst sich die Knarre. (H) – Der Prinz übergibt zwei Geschenke. (L) –Der Prinz bewirbt sich um eine Stelle am Hof.(E)

EA

Aufgabe 12: *Jede Aussage in der Märchenbox fasst den Inhalt eines Erzählabschnittes zusammen. Schreibe sie in richtiger Reihenfolge untereinander, sodass eine korrekte Inhaltsangabe entsteht. Die Lösungsbuchstaben verraten dir einen Schlüsselsatz (wichtigen Satz) aus dem Märchen.*

Die Erbse auf der Prinzessin
Andersens Märchen kreativ erschließen - Bestell-Nr. 10 991
KOHL VERLAG Der Verlag mit dem Baum
www.kohlverlag.de

4 Der Schweinehirt

Alles ist hin!

Im Jahr 1679 wütete die Pest in Wien. Dort, so erzählt man sich, trug der oft betrunkene Dudelsackspieler Augustin dieses Lied vor:

Oh du lieber Augustin,
s Geld ist hin, d Freud ist hin.
Oh du lieber Augustin,
alles ist hin.

Sonst war jeder Tag ein Fest,
aber jetzt? Pest, die Pest!
Nur ein gro es Leichenfest,
das ist der Rest.

Oh du lieber Augustin,
leg nur ins Grab dich hin.
Oh du mein herzliebes Wien,
alles ist hin.

Eines Tages, nachdem er wieder einmal ausgiebig getrunken hatte, schlief Augustin irgendwo in der Stadt im Freien ein. Nun kam es zu einer tödlichen Verwechslung: Als die Männer mit dem Pestkarren, auf den man die Toten lastete, vorbei kamen, hielten sie Augustin für eine Leiche, luden ihn auf den Karren und warfen ihn in eine Pestgrube, in der er dann tatsächlich starb.

PA

Aufgabe 13: *Sprecht darüber, warum H.C. Andersen wohl ausgerechnet dieses Lied in sein Märchen eingebaut haben könnte. Findet dabei heraus, warum der Prinz die Prinzessin schließlich so sehr verachtet. Begründet eure Meinungen mit Hinweisen auf die Texte von Märchen und Lied.*

Die zweite Chance für die Prinzessin

PA

Aufgabe 14: *Dieses Märchen hat für die Prinzessin leider kein „Happy End". Schreibt einen ganz neuen Schlussteil, in dem Prinz und Prinzessin doch noch glücklich miteinander werden.*

Die Erbse auf der Prinzessin
Andersens Märchen kreativ erschließen - Bestell-Nr. 10 991
KOHL VERLAG Der Verlag mit dem Baum
www.kohlverlag.de

5 Es ist ganz gewiss

„Das ist eine entsetzliche Geschichte!", sagte eine Henne, und zwar in einem Stadtviertel, wo die Geschichte nicht passiert war. „Das ist eine entsetzliche Geschichte im Hühnerhaus! Ich kann heute Nacht nicht allein schlafen. Es ist gut, dass viele von uns hier auf der Steige zusammen sitzen." – Und nun erzählte sie so, dass die Federn der anderen Hühner sich aufplusterten und der Hahn den Kamm fallen ließ. Es ist ganz gewiss!

Aber wir wollen mit dem Anfang beginnen, und der ist in einem Hühnerhaus im anderen Stadtviertel zu suchen. Die Sonne ging unter und die Hühner flogen auf ihre Steige. Eine Henne, weißgefiedert und mit kurzen Beinen, legte ihre Eier vorschriftsmäßig und war als Henne in jeder Art und Weise respektabel. Indem sie auf die Steige flog, zupfte sie sich mit dem Schnabel, und eine kleine Feder fiel ihr aus.

„Da geht sie hin!", sagte sie. „Je mehr ich mich zupfe, um so schöner werde ich!" Sie sagte es heiter, denn sie war ein vorbildliches Huhn, übrigens, wie gesagt, sehr respektabel. Daraufhin schlief sie ein.

Dunkel war es ringsumher, Henne saß bei Henne. Aber die, welche der heiteren am nächsten saß, schlief nicht. Sie musste es ihrer anderen Nachbarin doch erzählen: „Hörtest du, was hier gesagt wurde? Ich nenne keinen, aber hier ist eine Henne, die sich zupfen will, um gut auszusehen! Wäre ich ein Hahn, ich würde sie verachten!"

Gerade über den Hühnern saß die Eule mit dem Eulenvater und ihren Eulenkindern. Die Familie hat scharfe Ohren. Sie alle hörten jedes Wort, welches die Nachbarhenne sagte, und sie rollten mit den Augen. Die Eulenmutter schlug mit den Flügeln und sprach: "Hört nur nicht darauf! Aber ihr hört es wohl, was dort gesagt wurde? Ich hörte es mit meinen eigenen Ohren und man muss viel hören, ehe sie einem abfallen! Da ist eine unter den Hühnern, die in solchem Maße vergessen hat, was sich für eine Henne schickt, dass sie sich alle Federn ausrupft und es den Hahn sehen lässt!"
„Prenez garde aux enfants!", sagte der Eulenvater. „Das ist nichts für die Kinder!"
„Ich will es doch der Nachbareule erzählen: Das ist eine sehr achtbare Eule im Umgang!" Und darauf flog die Eulenmutter davon.

„Hu, Hu, Uhu!", heulten sie beide in den Taubenschlag des Nachbarn zu den Tauben hinein. „Habt ihr's gehört? Habt ihr's gehört? Uhuhu! Eine Henne ist da, welche sich des Hahns wegen alle Federn ausgerupft hat. Sie wird erfrieren, wenn sie nicht schon erfroren ist! Uhuhu!"
„Wo, wo?", gurrten die Tauben.
„Im Hof des Nachbarn. Ich habe es so gut wie selbst gesehen. Es ist beinahe unpassend, die Geschichte zu erzählen, aber es ist ganz gewiss!"
„Glaubt, glaubt jedes einzelne Wort!", sagten die Tauben und gurrten in ihren Hühnerhof hinunter: „Eine Henne ist da. Einige sagen, dass es zwei Hennen sind, die sich alle Federn ausgerupft haben, um nicht so wie die anderen auszusehen und um die Aufmerksamkeit des Hahns zu erwecken. Das ist ein gewagtes Spiel. Man kann sich erkälten und am Fieber sterben. Und sie sind beide gestorben."

„Wacht auf, wacht auf!", krähte der Hahn und flog auf die Planke. Der Schlaf lag ihm noch in den Augen, aber er krähte dennoch: „Drei Hennen sind vor unglücklicher Liebe zu einem Hahn gestorben! Sie hatten sich sämtliche Federn ausgerupft. Das ist eine hässliche Geschichte, aber ich will sie nicht für mich behalten. Sie soll weitergehen."

Die Erbse auf der Prinzessin
Andersens Märchen kreativ erschließen - Bestell-Nr. 10 991
KOHL VERLAG Der Verlag mit dem Baum
www.kohlverlag.de

5 Es ist ganz gewiss

„Lasst sie weitergehen!“, pfiffen die Fledermäuse, und die Hühner gluckten und die Hähne krähten: „Lasst sie weitergehen! Lasst sie weitergehen!“ Und so ging die Geschichte von Hühnerhaus zu Hühnerhaus und kam zuletzt an die Stelle zurück, von welcher sie eigentlich ausgegangen war.
„Fünf Hühner“, hieß es, „haben sich alle Federn ausgerupft, um zu zeigen, welche von ihnen aus Liebesgram für den Hahn am magersten geworden sei. Und dann hackten sie sich gegenseitig blutig und stürzten tot nieder, zum Spott und zur Schande für ihre Familie und zum großen Schaden des Besitzers.“

Die Henne, die die lose kleine Feder verloren hatte, kannte natürlich ihre eigene Geschichte nicht wieder. Da sie eine respektable Henne war, sagte sie: „Ich verachte jene Hühner, aber es gibt mehrere der Art. So etwas soll man nicht verschweigen. Ich werde das meinige dazu tun, dass die Geschichte in die Zeitung kommt. Dann verbreitet sie sich durch das ganze Land. Das haben die Hühner verdient und ihre Familien auch!“

So kam es in die Zeitung, es wurde gedruckt und es ist ganz gewiss: eine kleine Feder kann wohl zu fünf Hühnern werden!

Leseprobe

EA

Aufgabe 1: *Lies dieses Märchen in der Klasse so vor wie die Henne, von der in den ersten Zeilen des Textes die Rede ist, wenn es heißt: „Und nun erzählte sie so, dass die Federn der anderen Hühner sich aufplusterten und der Hahn den Kamm fallen ließ.“*

Redewendung gesucht!

EA

Aufgabe 2: *Eine der folgenden Redewendung drückt sehr gut aus, was in diesem Märchen geschieht. Finde heraus, welche gemeint ist, unterstreiche sie und erläutere, warum sie zum Märchen passt.*

mit Kanonen nach Spatzen schie en   aus einer M cke einen Elefanten machen – jemandem einen Bären aufbinden – das Blaue vom Himmel versprechen   zwei Fliegen mit einer Klappe schlagen   jemanden durch den Kakao ziehen   N gel mit K pfen machen   jemandem auf den Schlips treten

Die Erbse auf der Prinzessin
Andersens Märchen kreativ erschließen - Bestell-Nr. 10 991
KOHL VERLAG Der Verlag mit dem Baum
www.kohlverlag.de

5 Es ist ganz gewiss

Hör den Tieren zu!

EA

Aufgabe 3: *Andersen erzählt in diesem Märchen von sprechenden Tieren. Lies nach, wie sie sich ausdrücken, indem du zu jedem Tier das passende Geräusch als Verb hier einträgst.*

Horror im Hühnerhaus

EA

Aufgabe 4: *Stell dir vor, die „Nest-Nachrichten", das Tageblatt für das Huhn, hätte die Geschichte verfolgt. Schreibe für jeden Tag der Woche eine Schlagzeile, die zum Verlauf der Ereignisse im Märchen passt. Achte dabei auf die Steigerung der Ereignisse.*

Montag

der Flug der Feder

Dienstag

Nacktem Huhn droht Kältetod

Mittwoch

____

____

____

Donnerstag

____

____

____

Freitag

____

____

____

Die Erbse auf der Prinzessin
Andersens Märchen kreativ erschließen - Bestell-Nr. 10 991
KOHL VERLAG Der Verlag mit dem Baum
www.kohlverlag.de

5 Es ist ganz gewiss

Ein ungewöhnlicher Märchenanfang

EA **Aufgabe 5:** *Dieser Text beginnt nicht wie die meisten anderen Märchen mit den Worten „Es war einmal...“. Kreuze an, wie dieser Märchenanfang (Z. 1-11) beschaffen ist:*

Im ersten Erzählabschnitt berichtet eine Henne von Ereignissen, die ... :

a) ☐ ... schon eine Zeit zurück liegen (Rückblick).

b) ☐ ... sich demnächst noch ereignen werden (Vorausdeutung).

c) ☐ ... gerade passieren, als die Henne erzählt (Gleichzeitigkeit).

EA **Aufgabe 6:** *Es folgt die Einmischung des Märchenschreibers (Autors) H.C. Andersen. Mit seinen Worten – beachte dazu auch den Schluss des Märchens – baut er einen Erzählrahmen, der sich wie ein Bilderrahmen um das Märchen legt. Unterstreiche die Sätze dieses Erzählrahmens.*

Stille Post

GA **Aufgabe 7:** *Erfindet gemeinsam ein ähnliches „modernes“ Märchen. Erzählt es nach dem Muster von „Stille Post“ mündlich. Dabei wandert ein Satz von einem Erzähler zum nächsten. Jeder erfindet etwas hinzu. So wird aus einer klitzekleinen Begebenheit durch Klatsch und Tratsch ein Riesenereignis. Ihr könnt einen eigenen Anfang wählen oder diese Idee benutzen:*

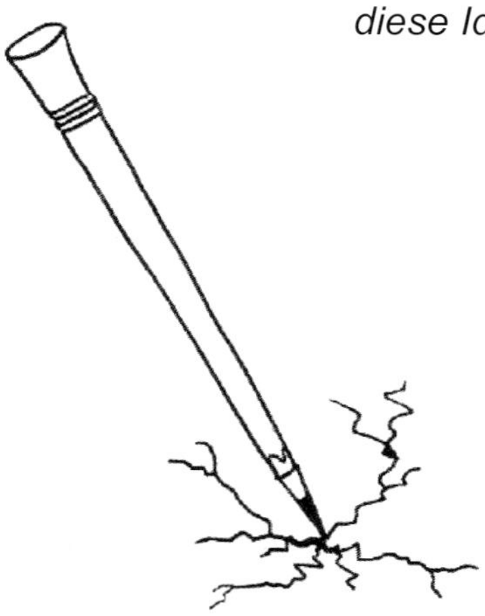

Tim sagt zu Mario: „Während einer Klassenarbeit ist Sebastian eine Bleistiftspitze abgebrochen.“ Mario sagt zu Lisa: „Hast du schon gehört, Sebastian hat mit seinem Bleistift voller Wut ein Loch in den Tisch gebohrt.“ – Lisa erzählt Greta: „Hör gut zu, aber erzähle es niemandem: Sebastian hat mit einem krachenden Bleistifthieb seinen Tisch in zwei Teile zerteilt!“

KOHL VERLAG Der Verlag mit dem Baum
Die Erbse auf der Prinzessin
Andersens Märchen kreativ erschließen - Bestell-Nr. 10 991
www.kohlverlag.de

6 Des Kaisers neue Kleider

Vor vielen Jahren lebte ein Kaiser, der so ungeheuer viel auf neue Kleider hielt, dass er all' sein Geld dafür ausgab, um recht geputzt zu sein. Er kümmerte sich nicht um seine Soldaten, kümmerte sich nicht um Theater, und liebte es nicht, in den Wald zu fahren, außer um seine neuen Kleider zu zeigen. Er hatte einen Rock für jede Stunde des Tages, und ebenso wie man von einem König sagt, er ist im Rat, so sagte man hier immer: „Der Kaiser ist in der Garderobe!"

In der großen Stadt, in welcher er wohnte, ging es sehr munter her. An jedem Tage kamen viele Fremde an, und eines Tages kamen auch zwei Betrüger, die gaben sich für Weber aus und sagten, dass sie das schönste Zeug, was man sich denken könne, zu weben verständen. Die Farben und das Muster seien nicht allein ungewöhnlich schön, sondern die Kleider, die von dem Zeugen genäht wurden, sollten die wunderbare Eigenschaft besitzen, dass sie für jeden Menschen unsichtbar seien, der nicht für sein Amt tauge oder der unverzeihlich dumm sei.

„Das wären ja prächtige Kleider", dachte der Kaiser, „wenn ich solche hätte, könnte ich ja dahinter kommen, welche Männer in meinem Reiche zu dem Amte, das sie haben, nicht taugen, ich könnte die Klugen von den Dummen unterscheiden! Ja, das Zeug muss sogleich für mich gewebt werden!" Er gab den beiden Betrügern viel Handgeld, damit sie ihre Arbeit beginnen sollten.

Sie stellten auch zwei Webstühle auf, taten, als ob sie arbeiteten, aber sie hatten nicht das Geringste auf dem Stuhle. Trotzdem verlangten sie die feinste Seide und das prächtigste Gold, das steckten sie aber in ihre eigene Tasche und arbeiteten an den leeren Stühlen bis spät in die Nacht hinein.

„Nun möchte ich doch wissen, wie weit sie mit dem Zeuge sind!", dachte der Kaiser, aber es war ihm beklommen zu Mute, wenn er daran dachte, dass der, welcher dumm sei oder schlecht zu seinem Amte tauge, es nicht sehen könne. Nun glaubte er zwar, dass er für sich selbst nichts zu fürchten brauche, aber er wollte doch erst einen andern senden, um zu sehen, wie es damit stehe. Alle Menschen in der ganzen Stadt wussten, welche besondere Kraft das Zeug habe, und alle waren begierig zu sehen, wie schlecht oder dumm ihr Nachbar sei.

„Ich will meinen alten, ehrlichen Minister zu den Webern senden", dachte der Kaiser, „er kann am besten beurteilen, wie das Zeug sich ausnimmt, denn er hat Verstand, und keiner versieht sein Amt besser als er!"

Nun ging der alte, gute Minister in den Saal hinein, wo die zwei Betrüger saßen und an den leeren Webstühlen arbeiteten. „Gott behüte uns!", dachte der alte Minister und riss die Augen auf. „Ich kann ja nichts erblicken!" Aber das sagte er nicht.

Beide Betrüger baten ihn näher zu treten und fragten, ob es nicht ein hübsches Muster und schöne Farben seien. Dann zeigten sie auf den leeren Stuhl und der arme, alte Minister fuhr fort, die Augen aufzureißen, aber er konnte nichts sehen, denn es war nichts da.

„Herr Gott", dachte er, „sollte ich dumm sein? Das habe ich nie geglaubt, und das darf kein Mensch wissen! Sollte ich nicht zu meinem Amte taugen? Nein, es geht nicht an, dass ich erzähle, ich könne das Zeug nicht sehen!"

„Nun, Sie sagen nichts dazu?", fragte der eine von den Webern.

Die Erbse auf der Prinzessin
Andersens Märchen kreativ erschließen - Bestell-Nr. 10 991
KOHL VERLAG Der Verlag mit dem Baum
www.kohlverlag.de

6 Des Kaisers neue Kleider

„O, es ist niedlich, ganz allerliebst!", antwortete der alte Minister und sah durch seine Brille. „Dieses Muster und diese Farben! – Ja, ich werde dem Kaiser sagen, dass es mir sehr gefällt!"
„Nun, das freut uns!", sagten beide Weber, und darauf benannten sie die Farben mit Namen und erklärten das seltsame Muster. Der alte Minister merkte gut auf, damit er dasselbe sagen könne, wenn er zum Kaiser zurückkomme, und das tat er auch.

Nun verlangten die Betrüger mehr Geld, mehr Seide und mehr Gold, um es zum Weben zu gebrauchen. Sie steckten alles in ihre eigenen Taschen, auf den Webstuhl kam kein Faden, aber sie fuhren fort wie bisher, an den leeren Stühlen zu arbeiten.

Der Kaiser sandte bald wieder einen anderen tüchtigen Staatsmann hin, um zu sehen, wie es mit dem Weben stehe und ob das Zeug bald fertig sei; es ging ihm aber gerade wie dem ersten, er sah und sah; weil aber außer dem Webstuhl nichts da war, so konnte er nichts sehen.

„Ist das nicht ein hübsches Stück Zeug?", fragten die beiden Betrüger und zeigten und erklärten das prächtige Muster, welches gar nicht da war.
„Dumm bin ich nicht", dachte der Mann; „es ist also mein gutes Amt, zu dem ich nicht tauge! Das wäre seltsam genug, aber das muss man sich nicht merken lassen!" Daher lobte er das Zeug, welches er nicht sah, und versicherte ihnen seine Freude über die schönen Farben und das herrliche Muster. „Ja, es ist ganz allerliebst!", sagte er zum Kaiser.

Alle Menschen in der Stadt sprachen von dem prächtigen Zeuge. Nun wollte der Kaiser es selbst sehen, während es noch auf dem Webstuhl sei. Mit einer ganzen Schar auserwählter Männer, unter welchen auch die beiden ehrlichen Staatsmänner waren, die schon früher da gewesen, ging er zu den beiden listigen Betrügern hin, die nun aus allen Kräften webten, aber ohne Faser oder Faden.

„Ja, ist das nicht prächtig?", sagten die beiden ehrlichen Staatsmänner. „Wollen Eure Majestät sehen, welches Muster, welche Farben?" Und dann zeigten sie auf den leeren Webstuhl, denn sie glaubten, dass die andern das Zeug wohl sehen könnten.

„Was!", dachte der Kaiser, „ich sehe gar nichts! Das ist ja erschrecklich! Bin ich dumm? Tauge ich nicht dazu, Kaiser zu sein? Das wäre das Schrecklichste, was mir begegnen könnte. O, es ist sehr hübsch", sagte er, „es hat meinen allerhöchsten Beifall!" Und er nickte zufrieden und betrachtete den leeren Webstuhl. Er wollte nicht sagen, dass er nichts sehen könne. Das ganze Gefolge, was er mit sich hatte, sah und sah, aber es bekam nicht mehr heraus, als alle die andern, aber sie sagten gleichwie der Kaiser: „O, das ist hübsch!", und sie rieten ihm, diese neuen prächtigen Kleider das erste Mal bei dem großen Feste, das bevorstand, zu tragen.

„Es ist herrlich, niedlich, ausgezeichnet!", ging es von Mund zu Mund, und man schien allerseits innig erfreut darüber. Der Kaiser verlieh jedem der Betrüger ein Ritterkreuz, um es in das Knopfloch zu hängen, und den Titel Hofweber.

Die ganze Nacht vor dem Morgen, an dem das Fest stattfinden sollte, waren die Betrüger auf und hatten über sechzehn Lichte angezündet. Die Leute konnten sehen, dass sie stark beschäftigt waren, des Kaisers neue Kleider fertig zu machen. Sie taten, als ob sie das Zeug aus dem Webstuhl nähmen, sie schnitten in die Luft mit großen Scheren, sie nähten mit Nähnadeln ohne Faden und sagten zuletzt: „Sieh, nun sind die Kleider fertig!"

Die Erbse auf der Prinzessin
Andersens Märchen kreativ erschließen - Bestell-Nr. 10 991
KOHL VERLAG Der Verlag mit dem Baum www.kohlverlag.de

6 Des Kaisers neue Kleider

Der Kaiser mit seinen vornehmsten Beamten kam selbst und beide Betrüger hoben den einen Arm in die Höhe, gerade, als ob sie etwas hielten, und sagten: „Seht, hier sind die Beinkleider! hier ist das Kleid! hier der Mantel!“, und so weiter. „Es ist so leicht wie Spinnewebe. Man sollte glauben, man habe nichts auf dem Körper, aber das ist gerade die Schönheit dabei!“
„Ja!“, sagten alle Beamten, aber sie konnten nichts sehen, denn es war nichts.
„Belieben Ew. kaiserliche Majestät Ihre Kleider abzulegen“, sagten die Betrüger, „so wollen wir Ihnen die neuen hier vor dem großen Spiegel anziehen!“
Der Kaiser legte seine Kleider ab, und die Betrüger stellten sich, als ob sie ihm ein jedes Stück der neuen Kleider anzögen, welche fertig genäht sein sollten, und der Kaiser wendete und drehte sich vor dem Spiegel.
„Ei, wie gut sie kleiden, wie herrlich sie sitzen!“, sagten alle. „Welches Muster! welche Farben! Das ist ein kostbarer Anzug!“ –

„Draußen stehen sie mit dem Thronhimmel, welcher über Ew. Majestät getragen werden soll!“, meldete der Oberzeremonienmeister.

„Seht, ich bin ja fertig!“, sagte der Kaiser. „Sitzt es nicht gut?“ Und dann wendete er sich nochmals zu dem Spiegel, denn es sollte scheinen, als ob er seine Kleider recht betrachte.
Die Kammerherren, welche die Schleppe tragen sollten, griffen mit den Händen gegen den Fußboden, als ob sie die Schleppe aufhöben, sie gingen und taten, als hielten sie etwas in der Luft. Sie wagten es nicht, es sich merken zu lassen, dass sie nichts sehen konnten.

So ging der Kaiser unter dem prächtigen Thronhimmel, und alle Menschen auf der Straße und in den Fenstern sprachen: „Wie sind des Kaisers neue Kleider unvergleichlich! Welche Schleppe er am Kleide hat! Wie schön sie sitzt!“ Keiner wollte es sich merken lassen, dass er nichts sah, denn dann hätte er ja nicht zu seinem Amte getaugt, oder wäre sehr dumm gewesen. Keine Kleider des Kaisers hatten solches Glück gemacht als diese.

Die Erbse auf der Prinzessin
Andersens Märchen kreativ erschließen - Bestell-Nr. 10 991
KOHL VERLAG Der Verlag mit dem Baum
www.kohlverlag.de

6 Des Kaisers neue Kleider

„Aber er hat ja gar nichts an!“, sagte endlich ein kleines Kind. „Hört die Stimme der Unschuld!“, sagte der Vater; und der eine zischelte dem andern zu, was das Kind gesagt hatte.

„Aber er hat ja gar nichts an!“, rief zuletzt das ganze Volk. Das ergriff den Kaiser, denn das Volk schien ihm recht zu haben, aber er dachte bei sich: „Nun muss ich es aushalten.“ Und die Kammerherren gingen und trugen die Schleppe, die gar nicht da war.

Textbezug: Z. 1-6

Untertanen-Interview

GA **Aufgabe 1:** *Was für ein merkwürdiger Kaiser! Fragen wir doch einmal den kaiserlichen Hofdiener August, den Leibarzt Ludwig, den Hofschneider Magnus, einige Soldaten aus der Garnison in der Stadt, den Hufschmied, ein paar Kinder und weitere Personen, wie sie über diesen Kaiser denken. Schreibt und spielt Interviews dazu.*

Die Erbse auf der Prinzessin
Andersens Märchen kreativ erschließen - Bestell-Nr. 10 991
KOHL VERLAG Der Verlag mit dem Baum
www.kohlverlag.de

6 Des Kaisers neue Kleider

Kaisers-Klamotten-Katalog

PA

Aufgabe 2: *Zeichnet Kleidungsstücke, die der Kaiser getragen haben könnte. Gestaltet daraus vielleicht einen Kaiserlichen Modekatalog (Versandhaus „Monarch“), in dem die verschiedenen Kleidungsstücke beschrieben werden.*

Der unsichtbare Garderobenständer

GA

Aufgabe 3: *Stellt euch vor: Im Klassenraum befindet sich ein Garderobenständer mit ganz verschiedenen Kleidungsstücken. Hier hängen Baseballcap und eleganter Designerhut für die feine Dame, die Lederjacke des Rockers neben der Latzhose für den Handwerker und dem Jackett für die Bankerin. Schreibt die Namen aller möglichen Kleidungsstücke auf Kärtchen. Jeder Mitspieler zieht nun ein Kärtchen, verrät der Klasse nicht, was darauf steht, und spielt nun ohne Worte (pantomimisch), wie er oder sie ein Kleidungsstück vom Garderobenständer nimmt und anzieht. Man schlüpft mit dem Kleidungsstück auch in die Rolle des Trägers oder der Trägerin und bewegt sich entsprechend. Die Klasse muss raten, um welches Kleidungsstück es sich handelt.*

6 Des Kaisers neue Kleider

Der Trick der Weber

„Die Farben und das Muster seien nicht allein ungewöhnlich schön, sondern die Kleider, die von dem Zeuge genäht wurden, sollten die wunderbare Eigenschaft besitzen, dass sie für jeden Menschen unsichtbar seien, der nicht für sein Amt tauge oder der unverzeihlich dumm sei."

EA **Aufgabe 4:** *Erkläre mit eigenen Worten, worin der Trick der Weber besteht. Arbeite mit Beispielen, indem du beschreibst, was passiert, wenn jemand ...*

EA **Aufgabe 5:** *Stelle dar, woran der Kaiser die Männer in seinem Reich, die zu ihrem Amt nicht taugen, erkennt.*

Ein Blick durchs Webstubenfenster

EA **Aufgabe 6:** *Schreibe als Dialog auf, was Marie und Anton miteinander reden, wenn sie sich spät am Abend hinter das Webstubenfenster schleichen und hineinblicken.*

Anton: Ich habe Angst hier draußen.

Marie: Feiger Kerl!

Anton: Es ist schon spät, Marie.

Marie: Anton, ich möchte nur einen klitzekleinen Blick auf die wunderbaren Gewänder werfen, von denen man überall in der Stadt erzählt.

Anton: Und wenn uns jemand erwischt?

Marie: Leise, komm hierher, hinter das Fenster!

Anton: Jetzt kann ich sie sehen. Aber das ist ja unglaublich ...

Die Erbse auf der Prinzessin
Andersens Märchen kreativ erschließen - Bestell-Nr. 10 991
KOHL VERLAG www.kohlverlag.de

6 Des Kaisers neue Kleider

Textbezug: Z. 33-49

Der alte, ehrliche Minister

Aufgabe 7: *Spielt die Szene, in der der alte, ehrliche Minister zu den Webern kommt, sich dort umsieht und schließlich zum Kaiser zurückkehrt, um ihm von den Kleidern zu erzählen. Schlüpft dazu in die Rollen der beteiligten Personen.*

Nackte Kaiser

Aufgabe 8: *Auch heutzutage gibt es „nackte Kaiser“. Das sind Menschen, die Macht besitzen und unsinnige Dinge tun. Sie werden von ihrer Anhängerschaft nicht kritisiert, weil alle Angst davor haben, in Missgunst zu geraten. Man bezeichnet diese Haltung als modernes Mitläufertum. So etwas gibt es nicht nur in der großen Politik, sondern auch im Betrieb oder in der Schule. Schreibt und spielt Fortsetzungen zu folgenden Spielszenen, in denen einem „nackten Kaiser“ Beifall geklatscht und er schließlich entlarvt wird. Ihr könnt auch ganz eigene Themen und Szenen wählen.*

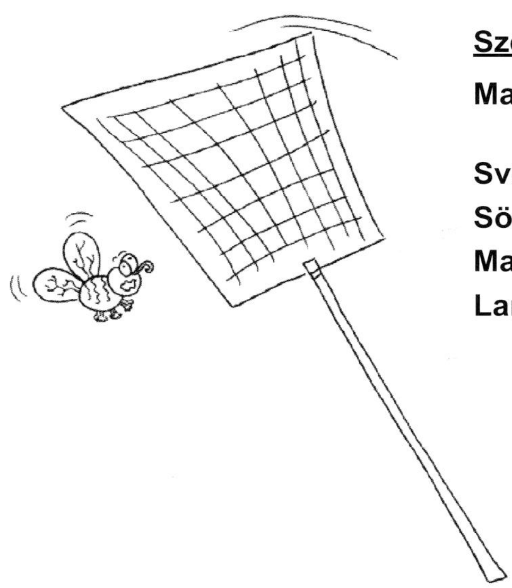

Szene 1:

Mario: Da drüben gehen die Typen aus der Parallelklasse. Ich sehe nur Dummköpfe, ihr auch?

Sven-Uwe: Korrekt, Mario!

Sören: Totale Deppen, die Typen aus der B!

Mario: Alles nur Versager!

Lars: ...

Szene 2:

Ministerin: Na, meine Damen und Herren, wie finden Sie meinen Entwurf für ein Gesetz zum Verbot von Fliegenklatschen in Bussen, Bahnen und Flugzeugen?

Parteifreund: ...

Textbezug: Z. 64-79

Der Kaiser sagt die Wahrheit

Aufgabe 9: *Während seines Besuches bei den Webern verschweigt der Kaiser, dass er die Stoffe nicht sieht. Stellt euch vor, er sagt stattdessen die Wahrheit. Sprecht darüber, was nun passieren könnte.*

Die Erbse auf der Prinzessin
Andersens Märchen kreativ erschließen - Bestell-Nr. 10 991
KOHL VERLAG www.kohlverlag.de

6 Des Kaisers neue Kleider

Zwei hervorragende Schauspieler

PA

Aufgabe 10: *Unterstreicht die Stellen im Text, die euch zeigen, dass es sich bei den beiden Webern um Betrüger handelt, die ihr Handwerk verstehen und es mit guten Ideen, Anstrengung und Fleiß, geschickten Worten und pantomimischen Mitteln schaffen, ihre Umgebung zu täuschen.*

Aber er hat ja gar nichts an!

GA

Aufgabe 11: *Sprecht darüber, warum ausgerechnet ein Kind dies sagt und damit aufklärt, dass der Kaiser nackt ist.*

Kaisers Eigenschaften

EA

Aufgabe 12: *Im Märchen tritt ein Kaiser mit ganz bestimmten Eigenschaften auf. Kennzeichne ihn, indem du passende Eigenschaften aus der Märchenbox unterstreichst und die Textstellen benennst, die Hinweise enthalten.*

Märchenbox

hartherzig - feige – eitel – mutig – brutal – vorsichtig – draufgängerisch – berechnend – heimtückisch – ängstlich – ruhmsüchtig – prunksüchtig – bescheiden – stolz – einfältig – dumm – intelligent – warmherzig - gütig

Kaisers Blamage

PA

Aufgabe 13: *Wie könnte es mit diesem Kaiser weitergehen, nachdem er sich so blamiert hat? Wird er abdanken? Wird er ins benachbarte Königreich fliehen und dort um Asyl bitten? Wird er auf seinem Thron bleiben? Schreibt eine Fortsetzung zum Märchen.*

Die Erbse auf der Prinzessin
Andersens Märchen kreativ erschließen - Bestell-Nr. 10 991
KOHL VERLAG
www.kohlverlag.de

7 Die Hirtin und der Schornsteinfeger

Hast Du wohl je einen recht alten Holzschrank, ganz schwarz vom Alter und mit ausgeschnitzten Schnörkeln und Laubwerk daran, gesehen? Gerade ein solcher stand in einer Wohnstube. Er war von der Urgroßmutter geerbt und mit ausgeschnitzten Rosen und Tulpen von oben bis unten bedeckt. Da waren die sonderbarsten Schnörkel, und aus diesen ragten kleine Hirschköpfe mit Geweihen hervor. Aber mitten auf dem Schranke stand ein ganzer Mann geschnitzt. Er war freilich lächerlich anzusehen, und er grinste auch, man konnte es nicht lachen nennen. Er hatte Ziegenbocksbeine, kleine Hörner am Kopfe und einen langen Bart. Die Kinder im Zimmer nannten ihn immer den Ziegenbocksbein-Ober- und Unterkriegsbefehlshaber; das war ein langes Wort, und es gibt nicht viele, die den Titel bekommen, aber ihn auszuschnitzen, das war auch etwas.

Doch nun war er ja da! Immer sah er nach dem Tische unter dem Spiegel, denn da stand eine liebliche, kleine Hirtin von Porzellan. Die Schuhe waren vergoldet, das Kleid mit einer roten Rose niedlich aufgeheftet, und dann hatte sie einen Goldhut und einen Hirtenstab. Sie war wunderschön. Dicht neben ihr stand ein kleiner Schornsteinfeger, so schwarz wie eine Kohle, aber auch von Porzellan; er war eben so rein und fein als irgend ein anderer; dass er ein Schornsteinfeger war, nun das war ja nur etwas, was er vorstellte. Der Porzellanfabrikant hätte ebenso gut einen Prinzen aus ihm machen können, denn das war einerlei.

Da stand er niedlich mit seiner Leiter und mit einem Antlitz, so weiß und rot wie ein Mädchen, und das war eigentlich ein Fehler, denn etwas schwarz hätte es doch wohl sein können. Er stand ganz nahe bei der Hirtin. Sie waren beide hingestellt, wo sie standen, und da sie nun hingestellt waren, so hatten sie sich verlobt. Sie passten ja zu einander, sie waren von demselben Porzellan und beide gleich zerbrechlich.

Dicht bei ihnen stand noch eine Figur, die war dreimal größer. Es war ein alter Chinese, der nicken konnte. Er war auch von Porzellan und sagte, er sei der Großvater der kleinen Hirtin, aber das konnte er freilich nicht beweisen. Er behauptete, dass er Gewalt über sie habe, und deswegen hatte er dem Ziegenbocksbein-Ober- und Unterkriegsbefehlshaber, der um die kleine Hirtin freite, zugenickt.

„Da erhältst Du einen Mann“, sagte der alte Chinese, „einen Mann, der, wie ich fast glaube, von Mahagoniholz ist. Er kann Dich zur Ziegenbocksbein-Ober- und Unterkriegsbefehlshaberin machen; er hat den ganzen Schrank voll Silberzeug, ungerechnet, was er in den geheimen Fächern hat.“
„Ich will nicht in den dunkeln Schrank hinein!“, sagte die kleine Hirtin. „Ich habe sagen hören, dass er elf Porzellanfrauen darin hat.“
„Dann kannst Du die zwölfte sein!“, sagte der Chinese. „Diese Nacht, sobald es in dem alten Schranke knackt, sollt Ihr Hochzeit halten, so wahr ich ein Chinese bin!“ Und dann nickte er mit dem Kopf und fiel in Schlaf.
Aber die kleine Hirtin weinte und blickte ihren Herzallerliebsten, den Porzellanschornsteinfeger, an.

Die Erbse auf der Prinzessin
Andersens Märchen kreativ erschließen - Bestell-Nr. 10 991
KOHL VERLAG Der Verlag mit dem Baum
www.kohlverlag.de

7 Die Hirtin und der Schornsteinfeger

„Ich möchte Dich bitten", sagte sie, „mit mir in die weite Welt hinauszugehen, denn hier können wir nicht bleiben!"
„Ich will alles, was Du willst!", sagte der kleine Schornsteinfeger. „Lass uns gleich gehen. Ich denke wohl, dass ich Dich mit meinem Handwerk ernähren kann!"
„Wenn wir nur erst glücklich von dem Tische hinunter wären!", sagte sie. „Ich werde erst froh, wenn wir in der weiten Welt draußen sind."

Er tröstete sie und zeigte, wie sie ihren kleinen Fuß auf die ausgeschnittenen Ecken und das vergoldete Laubwerk am Tischfuße hinabsetzen sollte. Seine Leiter nahm er auch zu Hilfe, und da waren sie auf dem Fußboden. Aber, als sie nach dem alten Schranke hin sahen, war da große Unruhe darin. Alle die ausgeschnittenen Hirsche steckten die Köpfe weit hervor, erhoben die Geweihe und drehten die Hälse. Der Ziegenbocksbein-Ober- und Unterkriegsbefehlshaber sprang in die Höhe und rief zum alten Chinesen hinüber: „Nun laufen sie fort! Nun laufen sie fort!"

Da erschraken sie und sprangen geschwind in den Schubkasten am Fenster. Hier lagen drei bis vier Spiele Karten, die nicht vollständig waren, und ein kleines Puppentheater, welches, so gut es sich tun ließ, aufgebaut war. Da wurde Komödie gespielt und alle Damen saßen in der ersten Reihe und fächelten sich mit ihren Tulpen, und hinter ihnen standen alle Buben und zeigten, dass sie Kopf hatten, sowohl oben wie unten, wie die Spielkarten es haben. Die Komödie handelte von zwei Personen, die einander nicht bekommen sollten, und die Hirtin weinte darüber, denn es war gerade wie ihre eigene Geschichte.

„Das kann ich nicht aushalten!", sagte sie. „Ich muss aus dem Schubkasten hinaus!"
Als sie aber auf dem Fußboden anlangten und nach dem Tische hinaufblickten, da war der alte Chinese erwacht und schüttelte mit dem ganzen Körper. Unten war er ja ein Klumpen.
„Nun kommt der alte Chinese!", schrie die kleine Hirtin und fiel auf ihre Knie nieder, so betrübt war sie.
„Es fällt mir etwas ein", sagte der Schornsteinfeger. „Wollen wir in das große Gefäß, das in der Ecke steht, hinabkriechen? Da können wir auf Rosen und Lavendel liegen und ihm Salz in die Augen werfen, wenn er kommt."
„Das kann nichts nützen!", sagte sie. „Überdies weiß ich, dass der alte Chinese und das Gefäß miteinander verlobt gewesen sind, und es bleibt immer etwas Wohlwollen zurück, wenn man in solchen Verhältnissen gestanden hat. Nein, es bleibt uns nichts übrig, als in die weite Welt hinauszugehen."

„Hast Du wirklich Mut, mit mir in die weite Welt hinauszugehen?", fragte der Schornsteinfeger. „Hast Du auch bedacht, wie groß die ist und dass wir nicht mehr an diesen Ort zurückkommen können?"
„Ja", sagte sie.

Der Schornsteinfeger sah sie fest an, und dann sagte er: „Mein Weg geht durch den Schornstein. Hast Du wirklich Mut, mit mir durch den Ofen, sowohl durch den Kasten, als durch die Röhre zu kriechen? Dann kommen wir hinaus in den Schornstein und da verstehe ich mich zu tummeln. Wir steigen so hoch, dass sie uns nicht erreichen können, und ganz oben geht ein Loch in die weite Welt hinaus."
Und er führte sie zu der Ofentür hin.

„Da sieht es schwarz aus!", sagte sie, aber sie ging doch mit ihm sowohl durch den Kasten, als durch die Röhre, wo pechfinstere Nacht herrschte. „Nun sind wir im Schornstein!" sagte er. „Und sieh, sieh, dort oben scheint der herrlichste Stern."

Die Erbse auf der Prinzessin
Andersens Märchen kreativ erschließen - Bestell-Nr. 10 991
KOHL VERLAG www.kohlverlag.de

7 Die Hirtin und der Schornsteinfeger

Es war ein Stern am Himmel, der zu ihnen herabschien, gerade als wollte er ihnen den Weg zeigen. Und sie kletterten und krochen. Ein gräulicher Weg war es, sehr hoch, aber er hob und hielt sie und zeigte die besten Stellen, wo sie ihre kleinen Porzellanfüße hinsetzen konnten. So erreichten sie den Schornsteinrand und auf den setzten sie sich, denn sie waren tüchtig ermüdet und das konnten sie auch wohl sein.

Der Himmel mit all‘ seinen Sternen war oben über ihnen, und alle Dächer der Stadt tief unten. Sie sahen weit umher, weit hinaus in die Welt. Die arme Hirtin hatte es sich nie so gedacht, sie legte sich mit ihrem kleinen Haupte gegen ihren Schornsteinfeger und dann weinte sie, dass das Gold von ihrem Leibgürtel absprang.
„Das ist allzu viel!“, sagte sie. „Das kann ich nicht ertragen, die Welt ist allzu groß! Wäre ich doch wieder auf dem Tische unter dem Spiegel. Ich werde nie froh, ehe ich wieder dort bin! Nun bin ich Dir in die weite Welt hinaus gefolgt, nun kannst Du mich auch wieder zurückbegleiten, wenn Du etwas von mir hältst!“

Der Schornsteinfeger sprach vernünftig mit ihr von dem alten Chinesen und vom Ziegenbocksbein-Ober- und Unterkriegsbefehlshaber, aber sie schluchzte gewaltig und küsste ihren kleinen Schornsteinfeger, dass er nicht anders konnte, als sich ihr fügen, obgleich es töricht war.

So kletterten sie wieder mit vielen Beschwerden den Schornstein hinunter und krochen durch den Kasten und die Röhre. Das war gar nichts Schönes. Und dann standen sie in dem dunklen Ofen. Da horchten sie hinter der Tür, um zu erfahren, wie es in der Stube stehe. Da war es ganz still. Sie sahen hinein – ach, da lag der alte Chinese mitten auf dem Fußboden. Er war vom Tische hinuntergefallen, als er hinter ihnen her wollte, und lag in drei Stücke zerschlagen. Der ganze Rücken war in einem Stücke abgegangen und der Kopf war in eine Ecke gerollt. Der Ziegenbocksbein-Ober- und Unterkriegsbefehlshaber stand, wo er immer gestanden hatte, und dachte nach.

„Das ist grässlich!“, sagte die kleine Hirtin. „Der alte Großvater in Stücke zerschlagen, und wir sind schuld daran! Das werde ich nicht überleben!“ Und dann rang sie ihre kleinen Hände.

„Er kann noch genietet werden!“, sagte der Schornsteinfeger. „Er kann sehr gut genietet werden! Sei nur nicht heftig. Wenn sie ihn im Rücken kitten und ihm eine gute Niete im Nacken geben, so wird er so gut wie neu sein und kann uns noch manches Unangenehme sagen.“

„Glaubst Du?“, sagte sie. Und dann krochen sie wieder auf den Tisch hinauf, wo sie früher gestanden hatten. „Sieh, so weit kamen wir“, sagte der Schornsteinfeger. „Da hätten wir uns alle die Mühe ersparen können.“ „Hätten wir nur den alten Großvater wieder genietet!“, sagte die Hirtin. „Wird das sehr teuer sein?“

Die Erbse auf der Prinzessin
Andersens Märchen kreativ erschließen - Bestell-Nr. 10 991
KOHL VERLAG Der Verlag mit dem Baum
www.kohlverlag.de

7 Die Hirtin und der Schornsteinfeger

Und genietet wurde er; die Familie ließ ihn im Rücken kitten, er bekam eine gute Niete am Halse und er war so gut wie neu, aber nicken konnte er nicht mehr. „Sie sind wohl hochmütig geworden, seitdem Sie in Stücke geschlagen sind?“, sagte der Ziegenbocksbein-Ober- und Unterkriegsbefehlshaber. „Mich dünkt, dass Sie nicht Ursache haben, so wichtig zu tun. Soll ich sie haben oder soll ich sie nicht haben?“
Der Schornsteinfeger und die kleine Hirtin sahen den alten Chinesen rührend an, sie fürchteten sehr, er möchte nicken; aber er konnte nicht, und das war ihm unbehaglich, einem Fremden zu erzählen, dass er beständig eine Niete im Nacken habe. Und so blieben die Porzellanleute zusammen, und sie segneten des Großvaters Niete und liebten sich, bis sie in Stücke gingen.

Die Figur auf dem Schrank

EA **Aufgabe 1:** *Zeichne den Ziegenbocksbein-Ober- und Unterkriegsbefehlshaber.*

EA **Aufgabe 2:** *Was mag er wohl für Frauen in seinem Schrank haben? Und wie sind sie dort hineingekommen? Erzähle von den elf Porzellanfrauen des Ziegenbocksbein-Ober- und Unterkriegsbefehlshabers.*

Merkwürdiges Märchenpersonal

Textbezug: Z. 1-35

EA **Aufgabe 3:** *Schreibe auf, von welchen Figuren das Märchen auf der ersten Seite handelt. Notiere, was sie füreinander empfinden und was sie voneinander halten.*

Im Schubkasten

Textbezug: Z. 63-70

EA **Aufgabe 4:** *Ein Schubkasten ist eine Schublade, die hier im Zimmer geöffnet auf dem Fußboden steht. Darin liegen Spielkarten und ein Puppentheater. Erzählt mit eigenen Worten, was nun hier passiert.*

7 Die Hirtin und der Schornsteinfeger

EA

Aufgabe 5: *Schreibe selbst eine Schubkasten-Erzählung, in der die Gegenstände lebendig werden und miteinander spielen. Wähle dazu ein paar Gegenstände aus diesem Schubkasten aus:*

Schubkasten

Familienfotos – Eintrittskarten – Briefmarken mit den Köpfen berühmter Personen – Playmobilfiguren – Knete – Vampirgebiss – Dinosaurier – Spielzeugautos – Plüschhase – Glasmurmeln

Gesichter sammeln

EA

Aufgabe 6: *Bestimmt findest du daheim in der Wohnung Gesichter, abgebildet auf Illustrierten, auf Bildern an den Wänden, dazu Gesichter von Kuscheltieren und anderem Spielzeug. Gib ihnen Namen, lass sie wie im Märchen miteinander sprechen und schreibe diesen Dialog auf.*

Das kann ich nicht ertragen, die Welt ist allzu groß!

GA

Aufgabe 7: *Dies sagt die Hirtin auf dem Rand des Schornsteines. Schlüpft in die Rolle des Schornsteinfegers und der Hirtin. Nun versucht er sie in einem Gespräch davon zu überzeugen, dass es besser ist, ihre Flucht fortzusetzen.*

KOHL VERLAG Der Verlag mit dem Baum www.kohlverlag.de
Die Erbse auf der Prinzessin
Andersens Märchen kreativ erschließen - Bestell-Nr. 10 991

7 Die Hirtin und der Schornsteinfeger

Ein merkwürdiges Paar

Sie hat die Hosen an, er ist ein Weichei!

Er ist immer der Anführer, sie folgt ihm gehorsam.

EA **Aufgabe 8**: *Benenne die Eigenschaften von Hirtin und Schornsteinfeger. Nimm anschließend Stellung zu den beiden Meinungen in den Sprechblasen.*

Eine moderne Geschichte

EA **Aufgabe 9**: *Was hier so märchenhaft wirkt, weil lebendige Porzellanfiguren mitwirken, kann heutzutage auch „im wirklichen Leben“ geschehen: Ein junges Paar flieht, weil das Mädchen nicht den heiraten möchte, dem es versprochen wurde. Schreibe diese Erzählung.*

8 Das kleine Mädchen mit den Schwefelhölzern

Es war fürchterlich kalt. Es schneite und begann dunkler Abend zu werden, es war der letzte Abend im Jahre, Neujahrsabend! In dieser Kälte und in dieser Finsternis ging ein kleines, armes Mädchen mit bloßem Kopfe und nackten Füßen auf der Straße.

Sie hatte freilich Pantoffeln gehabt, als sie vom Hause wegging, aber was half das! Es waren sehr große Pantoffeln, ihre Mutter hatte sie zuletzt getragen, so groß waren sie, diese verlor die Kleine, als sie sich beeilte, über die Straße zu gelangen, indem zwei Wagen gewaltig schnell daher jagten. Der eine Pantoffel war nicht wieder zu finden und mit dem andern lief ein Knabe davon, der sagte, er könne ihn als Wiege benutzen, wenn er selbst einmal Kinder bekomme.

Da ging nun das arme Mädchen auf den bloßen, kleinen Füßen, die ganz rot und blau vor Kälte waren. In einer alten Schürze hielt sie eine Menge Schwefelhölzer und ein Bund trug sie in der Hand.

Niemand hatte ihr während des ganzen Tages etwas abgekauft, niemand hatte ihr auch nur einen Dreier geschenkt; hungrig und halberfroren schlich sie einher und sah sehr gedrückt aus, die arme Kleine! Die Schneeflocken fielen in ihr langes, gelbes Haar, welches sich schön über den Hals lockte, aber an Pracht dachte sie freilich nicht.

In einem Winkel zwischen zwei Häusern – das eine sprang etwas weiter in die Straße vor, als das andere – da setzte sie sich und kauerte sich zusammen. Die kleinen Füße hatte sie fest angezogen, aber es fror sie noch mehr, und sie wagte nicht nach Hause zu gehen, denn sie hatte ja keine Schwefelhölzer verkauft, nicht einen einzigen Dreier erhalten. Ihr Vater würde sie schlagen, und kalt war es daheim auch, sie hatten nur das Dach gerade über sich und da pfiff der Wind herein, obgleich Stroh und Lappen zwischen die größten Spalten gestopft waren. Ihre kleinen Hände waren vor Kälte fast ganz erstarrt.

Ach! Ein Schwefelhölzchen könnte gewiss recht gut tun; wenn sie nur wagen dürfte, eins aus dem Bunde herauszuziehen, es gegen die Wand zu streichen, und die Finger daran zu wärmen. Sie zog eins heraus, „Ritsch!“ Wie sprühte es, wie brannte es! Es gab eine warme, helle Flamme, wie ein kleines Licht, als sie die Hand darum hielt, es war ein wunderbares Licht! Es kam dem kleinen Mädchen vor, als sitze sie vor einem großen eisernen Ofen mit Messingfüßen und einem Aufsatz aus Messing. Das Feuer brannte ganz herrlich darin und wärmte schön! Die Kleine streckte schon die Füße aus, um auch diese zu wärmen, da erlosch die Flamme, der Ofen verschwand. Sie saß mit einem kleinen Stumpf des ausgebrannten Schwefelholzes in der Hand.

Ein neues wurde angestrichen, es brannte, es leuchtete, und wo der Schein desselben auf die Mauer fiel, wurde diese durchsichtig wie ein Flor. Sie sah gerade in das Zimmer hinein, wo der Tisch mit einem glänzend weißen Tischtuch und mit feinem Porzellan gedeckt stand, und herrlich dampfte eine mit Pflaumen und Äpfeln gefüllte, gebratene Gans darauf! Und was noch prächtiger war, die Gans sprang von der Schüssel herab, watschelte auf dem Fußboden hin mit Gabel und Messer im Rücken, gerade auf das arme Mädchen kam sie zu. Da erlosch das Schwefelholz, und nur die dicke, kalte Mauer war zu sehen.

Sie zündete ein neues an. Da saß sie unter dem schönsten Weihnachtsbaume. Der war noch größer und aufgeputzter als der, welchen sie zu Weihnachten durch die Glastüre bei dem reichen Kaufmanne erblickt hatte. Viel tausend Lichter brannten auf den grünen Zweigen und bunte Bilder wie die, welche die Ladenfenster schmücken, schauten zu ihr herab.

Die Erbse auf der Prinzessin
Andersens Märchen kreativ erschließen - Bestell-Nr. 10 991
KOHL VERLAG Der Verlag mit dem Baum
www.kohlverlag.de

8 Das kleine Mädchen mit den Schwefelhölzern

Die Kleine streckte die beiden Hände in die Höhe – da erlosch das Schwefelholz. Die vielen Weihnachtslichter stiegen höher und immer höher, nun sah sie, dass es die klaren Sterne am Himmel waren, einer davon fiel herab und machte einen langen Feuerstreifen am Himmel.

„Nun stirbt jemand!“, sagte die Kleine, denn ihre alte Großmutter, welche die einzige war, die sie lieb gehabt hatte, die jetzt aber tot war, hatte gesagt: „Wenn ein Stern fällt, so steigt eine Seele zu Gott empor.“

Sie strich wieder ein Schwefelholz gegen die Mauer, es leuchtete ringsumher, und im Glanze desselben stand die alte Großmutter, glänzend, mild und lieblich da.

„Großmutter!“, rief die Kleine. „O, nimm mich mit! Ich weiß, dass Du auch gehst, wenn das Schwefelholz ausgeht; gleichwie der warme Ofen, der schöne Gänsebraten und der große, herrliche Weihnachtsbaum!“ Sie strich eiligst den ganzen Rest der Schwefelhölzer, welche noch im Bunde waren, sie wollte die Großmutter recht festhalten. Und die Schwefelhölzer leuchteten mit solchem Glanz, dass es heller war, als am lichten Tage. Die Großmutter war nie so schön, so groß gewesen; sie hob das kleine Mädchen auf ihren Arm, und in Glanz und Freude flogen sie in die Höhe, und da fühlte sie keine Kälte, keinen Hunger, keine Furcht – sie waren bei Gott!

Aber im Winkel am Hause saß in der kalten Morgenstunde das kleine Mädchen mit roten Wangen, mit lächelndem Munde – tot, erfroren am letzten Abend des alten Jahres. Der Neujahrsmorgen ging über die kleine Leiche auf, welche mit Schwefelhölzern da saß, wovon ein Bund fast verbrannt war. Sie hat sich wärmen wollen, sagte man. Niemand wusste, was sie Schönes erblickt hatte, in welchem Glanze sie mit der alten Großmutter zur Neujahrsfreude eingegangen war!

Die Erbse auf der Prinzessin
Andersens Märchen kreativ erschließen - Bestell-Nr. 10 991
KOHL VERLAG Der Verlag mit dem Baum
www.kohlverlag.de

8 Das kleine Mädchen mit den Schwefelhölzern

Traurig und berühmt

GA

Aufgabe 1: *Dies ist eines der bekanntesten und zugleich das traurigste Märchen von H.C. Andersen. Erzähle es mit eigenen Worten nach und stelle dar, wie es zum Tod des Mädchens kam.*

Ein Märchen?

EA

Aufgabe 2: *Handelt es sich überhaupt um ein Märchen? Sprecht darüber und benennt die „märchenhaften“ Stellen des Textes.*

Und kalt war es ...

EA

Aufgabe 3: *In diesem Märchen ist nicht nur die Winterluft kalt. Zeige, wo man sonst noch „Kälte“ im Text findet. Unterstreiche diese Textstellen.*

Schöne Erlebnisse

EA

Aufgabe 4: *Andersen tröstet seine Leser über den Tod des Mädchens, indem er viele schöne Bilder entstehen lässt, die das Mädchen in seiner Not sieht. Zeichne eines oder mehrere davon, indem du das aufflackernde Licht des Schwefelhölzchens als Hintergrund benutzt.*

Märchenhafte Wandlung

EA

Aufgabe 5: *Stell dir vor: Das letzte Schwefelholz des Mädchens bewirkt, dass sich alle Personen in der Umgebung so verhalten, wie man es tun sollte, wenn man ein Kind sieht, das Hilfe braucht. Schreibe diesen neuen Schlussteil des Märchens.*

Die Erbse auf der Prinzessin
Andersens Märchen kreativ erschließen - Bestell-Nr. 10 991
KOHL VERLAG Der Verlag mit dem Baum
www.kohlverlag.de

9 Für Andersen-Experten!

Auf dieser Seite findet ihr Anregungen und Aufgaben zu verschiedenen Märchen von H.C. Andersen. Damit ihr sie bearbeiten könnt, solltet ihr zunächst in Märchenbüchern des Autors stöbern und weitere Märchen von H.C. Andersen lesen.

Das Museum der undichten Märchen

GA **Aufgabe 1**: *Stellt euch vor, Andersens Märchen wären undicht. Füllt einen Setzkasten oder einen Schuhkarton mit Gegenständen, die aus den Märchen herausgefallen sein könnten. Im Karton könnte also eine Erbse liegen, dazu ein kaiserlicher Schnürsenkel, eine Schachtel mit Schwefelhölzern ...*
Ihr könnt nun einzelne Gegenstände entnehmen und erzählen, welche Rolle sie in den Märchen spielen. Ihr könnt sie auch in einem Schaukasten präsentieren und zu jedem Gegenstand ein Schild anfertigen.

Zinnsoldat trifft kleine Meerjungfrau

GA **Aufgabe 2**: *Spielt ein Gespräch zwischen Figuren aus verschiedenen Märchen des Autors. Darin erzählen sie einander, was sie in ihren Märchen erlebt haben. Macht euch dazu ein paar Notizen und schlüpft anschließend in die Rollen der Gesprächspartner.*

Die Erbse auf der Prinzessin
Andersens Märchen kreativ erschließen - Bestell-Nr. 10 991
KOHL VERLAG Der Verlag mit dem Baum
www.kohlverlag.de

9 Für Andersen-Experten!

Märchenmogelei

PA

Aufgabe 3: *Nehmt einen oder zwei Abschnitte – etwa 20 Zeilen - aus einem Märchen von Andersen und „schmuggelt“ drei Sätze hinein, die ihr selbst geschrieben habt. Lest den fertigen Text nun vor und lasst die Klasse raten, welche Sätze von euch stammen. Passt euren Schreibstil so geschickt an die Vorlage an, dass niemand etwas merkt.*

Das Märchenland-Reiseticket

PA

Aufgabe 4: *Fertigt Märchenland-Tickets an, benutzt sie und reist für ein paar Minuten in ein Märchen eurer Wahl. Erzählt der Klasse anschließend, was ihr dort erlebt habt. Selbstverständlich dürft ihr mit den Märchenfiguren sprechen. Vielleicht bringt ihr ein Interview oder eine Zeichnung von eurer Reise mit. Die Ergebnisse könnt ihr an der Pinnwand oder in einer Märchenland-Reisezeitung veröffentlichen.*

Da war doch noch etwas ...

EA

Aufgabe 5: *Schreibe das Märchen von der „Erbse auf der Prinzessin“.*

Die Erbse auf der Prinzessin
Andersens Märchen kreativ erschließen - Bestell-Nr. 10 991
KOHL VERLAG
www.kohlverlag.de

10 Die Lösungen

Textquelle der hier abgedruckten Märchen: Andersen's sämmtliche Märchen. Deutsch von Julius Reuscher. 36. Auflage. Leipzig: Verlag Abel und Müller o.J.

1

Aufgabe 1: Es handelt sich um die Märchen:
- Das hässliche Entlein
- Das kleine Mädchen mit den Schwefelhölzern
- Des Kaisers neue Kleider
- Der fliegende Koffer

Aufgabe 2: Märchenhaft ist der Aufstieg des armen Jungen zum weltberühmten Schriftsteller. Ein König zahlt ihm die Schulbildung und später auch ein monatliches Gehalt. Die lebenslange Treue zu einem Mädchen, das seine Liebe nicht erwiderte, ist schließlich auch „märchenhaft".

2

Aufgabe 1: Hier wird das Märchen von der Prinzessin auf der Erbse dargestellt.

Aufgabe 3: Die Gedichte fassen die Handlung von „Des Kaisers neue Kleider" und „Das hässliche Entlein" zusammen.

4

Aufgabe 8: Der Prinz möchte die Prinzessin mit deren eigenen Waffen schlagen, indem er etwas Natürliches von ihr verlangt und ihr damit zeigt, wie wertvoll ein Kuss ist. Dieser Zweck „heiligt" natürlich nicht die Mittel. Somit haben Tim und Greta Recht, wenn sie der Meinung sind, der Prinz sei unmöglich. Ein Kuss sollte tatsächlich immer der zärtliche Ausdruck von Liebe und Zuneigung sein.

Aufgabe 9: Genau darum geht es in diesem Märchen. Das Natürliche ist hier der Kuss.

Aufgabe 12: Der Lösungssatz lautet: „Alles ist hin!"

Aufgabe 13: Sowohl für den Prinzen als auch für die Prinzessin ist „alles hin", d.h. verloren. Für ihn ist eine Heirat mit ihr undenkbar, weil sie in einer ganz anderen Welt lebt und ihr andere Dinge wichtig sind als dem Prinzen. Das wird im Schlussteil des Märchens deutlich, wenn der Prinz sagt, dass er die Prinzessin verachtet. Auch im Lied gibt es keine Hoffnung auf Besserung der Verhältnisse. Früher war „jeder Tag ein Fest", nun ist alles „ein großes Leichenfest".

5

Aufgabe 2: Die Tiere machen aus einer „Mücke einen Elefanten", indem sie aus dem Auszupfen einer kleinen Feder den tödlich endenden Kampf zwischen 5 Hühnern machen. Klatschsucht und Wichtigtuerei sind dafür verantwortlich.

Aufgabe 3: Die Fledermäuse pfiffen, die Hähne krähten, die Tauben gurrten, die Hühner gluckten, die Eulen heulten.

Aufgabe 5: Der Märchenanfang zeigt einen Rückblick, indem die Henne zu erzählen beginnt.

Aufgabe 6: Zum Erzählrahmen gehören diese Sätze zu Beginn des Märchens: „Und nun erzählte sie so, dass die Federn der anderen Hühner sich aufplusterten und der Hahn den Kamm fallen ließ. Es ist ganz gewiss! Aber wir wollen mit dem Anfang beginnen, und der ist in einem Hühnerhaus im anderen Stadtviertel zu suchen." Der Rahmen schließt mit diesem Kommentar am Ende des Märchens: „So kam es in die Zeitung, es wurde gedruckt und es ist ganz gewiss: Eine kleine Feder kann wohl zu fünf Hühnern werden!"

6

Aufgabe 4: Der Trick der Weber besteht darin, die Eitelkeit, Ängste und Gehorsamsbereitschaft der Menschen auszunutzen. Kaum jemand wird aus Angst vor öffentlicher Blamage zugeben, dass er die Stoffe und Kleider nicht sieht. Er würde dann als Dummkopf bezeichnet werden.

10 Die Lösungen

6

Aufgabe 5: Der Kaiser erkennt diese Männer daran, dass sie zugeben, die von den Webern gewebten Stoffe und Kleider nicht sehen zu können.

Aufgabe 9: Wahrscheinlich würde dann das ganze Lügengebäude der Weber zusammenbrechen. Möglich ist es auch, dass man den Kaiser dann als Dummkopf bezeichnet und ihn seines Amtes nicht mehr für würdig erachtet. Bei diesem Kaiser, dessen ungewöhnliche Vorlieben das Volk bisher duldet, ist beides denkbar.

Aufgabe 10: Diese beiden Betrüger verstehen ihr „Handwerk“. Das zeigt schon ihr ungewöhnlicher Betrugsplan, der in den Zeilen 7-13 deutlich wird. Sie arbeiten ausdauernd an den Webstühlen und lassen sich nur bestes Material bringen. Beide Weber verhalten sich dem Minister und dem tüchtigen Staatsmann gegenüber freundlich, selbstsicher und fordernd. Beim Besuch des Kaisers präsentieren sie pantomimisch geschickt die Kleidungsstücke und geben Ratschläge. Vor dem großen Fest sind sie wieder sehr fleißig und täuschen damit die Menschen ringsum. Schließlich präsentieren sie ihre Kleider und bitten den Kaiser vor den Spiegel zur Anprobe.

Aufgabe 11: Kinder müssen sich nicht verstellen, weil sie um ihre Position in der Gesellschaft fürchten. Sie können ehrlich sein und die Wahrheit sagen. Hinzu kommt, dass es sich hier um einen ganz spontanen Ausruf handelt, der ohne nachzudenken gesprochen wird. So heißt es im Sprichwort: Kindermund spricht Herzensgrund.

Aufgabe 12: Der Kaiser ist: feige, eitel, vorsichtig, berechnend, ängstlich, ruhmsüchtig, prunksüchtig, stolz, einfältig, dumm.

7

Aufgabe 3: Das Märchen handelt von drei Porzellanfiguren: einer Hirtin, einem Schornsteinfeger und einem alten Chinesen. Hirtin und Schornsteinfeger lieben einander. Der alte Chinese behauptet, er sei der Großvater der Hirtin und habe Gewalt über sie. Dazu kommt der Ziegenbocksbein-Ober- und Unterkriegsbefehlshaber, eine aus Holz geschnitzte Figur auf der Tür eines alten Holzschrankes, der die Hirtin heiraten möchte und in diesem Bemühen vom alten Chinesen unterstützt wird. Die Hirtin hasst und fürchtet den alten Chinesen ebenso wie die Figur auf der Tür des Schrankes.

Aufgabe 8: Bezeichnend für Eigenschaften und Verhalten der beiden Figuren ist dieser Textabschnitt, in dem es heißt: „Der Schornsteinfeger sprach vernünftig mit ihr von dem alten Chinesen und vom Ziegenbocksbein-Ober- und Unterkriegsbefehlshaber, aber sie schluchzte gewaltig und küsste ihren kleinen Schornsteinfeger, dass er nicht anders konnte, als sich ihr fügen, obgleich es töricht war.“ – Die Hirtin ist selbstbewusst und energisch. Sie bestimmt letztlich, wohin die Reise geht. Dabei wickelt sie ihren Partner gleichsam um den Finger. Der Schornsteinfeger würde alles für sie tun, macht vernünftige Vorschläge und handelt stets abwägend und überlegt.

8

Aufgabe 2: Bei diesem Text handelt es sich um eine Erzählung, die die Lebensumstände des Mädchens sehr realistisch abbildet. Auf einer zweiten Ebene gelangen surreale Elemente in den Text. Dies geschieht in den Visionen des Mädchens, die jeweils Erinnerungs- und Vorstellungsbilder wachrufen. Hier ist am ehesten Märchenhaftes – hier: das Wunschmotiv, das zumindest in den Bildern in Erfüllung geht – auszumachen.

Aufgabe 3: Ein Knabe stielt ihr den Pantoffel, niemand kauft ihr etwas ab, niemand schenkt ihr auch nur den geringsten Geldbetrag. Daheim wird sie von ihrem Vater geschlagen, wenn sie keine Schwefelhölzer verkauft.

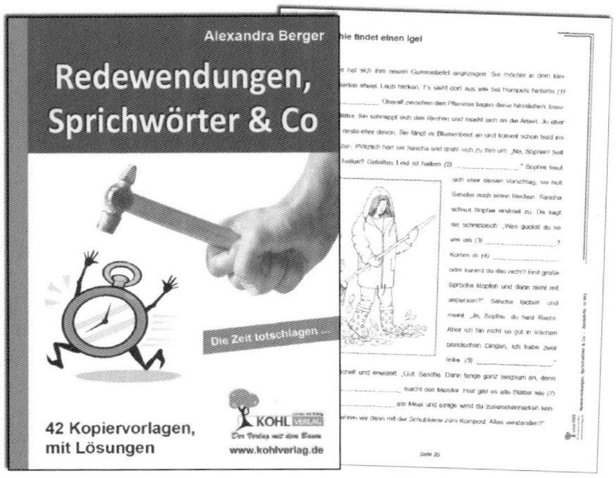

Redewendungen, Sprichwörter & Co

Bekannte Redensarten und ihre Herkunft

Woher kommen unsere Redensarten eigentlich – und was bedeuten sie? Die Redewendungen in den vier alltagsnahen Texten sind unvollständig, die Schüler dürfen die fehlenden Wörter einfügen. Diese Arbeit gibt den Schülern die Möglichkeit, ihre Kombinationsfähigkeit zu trainieren. Zusätzlich kann die historische Herleitung nach Belieben mit einbezogen oder ausgebaut werden. Somit werden Deutsch- und Geschichtsunterricht kombinierbar! Es ist interessant und teilweise wirklich überraschend zu erfahren, wo einige Redewendungen ihren Ursprung haben. Sie sind ein Teil unserer Geschichte und sollten weiterhin einen festen Platz in unserer Sprache haben!

40 Kopiervorlagen, mit Lösungen! **Nr. 10 992** **13,80 €**

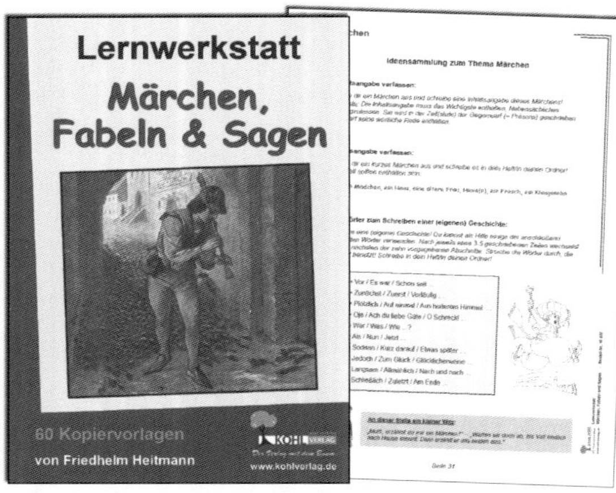

Lernwerkstatt Märchen, Fabeln & Sagen

Durch Literatur Sprach- und Schreibkompetenz fördern

Märchen, Fabeln & Sagen sind ein wesentlicher Bestandteil des Deutschunterrichtes. Diese literarischen Gattungen haben einen festen Stellenwert, da sie nachweislich die **Sprech- und Schreibkompetenzen der Schüler fördern.** Die Arbeitsblätter inspirieren zum **kreativen Schreiben** und zum Umgang mit der **Fantasie.** Die einzelnen Aufgaben gehen neben den verkürzten Inhalten der Märchen, Fabeln & Sagen auch auf das **Textverständnis** und den **Sinn** ein. Zusätzlich lockern **Spiele** den Unterricht auf. **Mit abschließenden Wissenstests!**

Aus dem Inhalt: *Des Kaisers neue Kleider; Das kalte Herz; Der Löwe und die Maus; Der gierige Hund; Das Pferd aus Holz; Krabat; Im Sagenholz; Wer wird Märchenrätselkönig u.v.m.*

60 Kopiervorlagen, mit Lösungen!

Nr. 10 857 **15,80 €**

Die Erbse auf der Prinzessin

NEU!

Andersens Märchen kreativ erschließen

Wenn Schreib- und Gestaltungsideen dazu anregen, Prinzessinnen zum Erbsen-Casting bei der künftigen Schwiegermutter zu begleiten oder mit der kleinen Meerjungfrau in die Fantasiewelt des großen Dänen abzutauchen, dann herrscht schnell unbändig entfesselte Leselust! Das ist spannender Lesestoff, den es im Deutschunterricht unbedingt zu entdecken gilt!

> *Ich lade zu ungewöhnlichen Begegnungen mit H.C. Andersens Märchenpersonal ein, um die Lese-, Schreib- und Gestaltungslust der Kinder zu wecken. Dabei helfen mir: ein nackter Kaiser, ein hässliches Entlein, eine Prinzessin auf der Erbe und viele weitere fantastische Figuren eines großartigen Märchendichters.*

Hans-P. Tiemann

40 Kopiervorlagen

Nr. 10 991 **13,80 €**

Lust auf Lyrik!

Kreatives Schreiben zu neuen Gedichten

Diese 40 Gedichte dürften Jugendliche für Lyrik begeistern: Sie sprechen eine kindliche Sprache, behandeln brisante Lebensthemen, präsentieren Kurioses, Geheimnisvolles und Zauberhaftes, sind leicht zugänglich und humorvoll. Die Aufgaben regen dazu an, eigene Fantasien zu entwickeln, Paralleltexte zu schreiben, Handlungsideen weiter zu spinnen, mit szenischem Spiel zu arbeiten und vor allem: das Material mit allen Sinnen zu erleben. Die Aufgaben haben verschiedene Anforderungsniveaus, sodass Leistungsdifferenzierung möglich ist. Mit Glossar im Anhang.

48 Kopiervorlagen

Nr. 10 739 **15,80 €**

Zimtzicke

33 dreiste Gedichte für Klassenraum und Schulbühne

Alles reimt sich von der ersten bis zur letzten Zeile: 33 giftige und zärtliche Dialoge, böse Balladen und spannende szenische Entwürfe für größere Gruppen. „Zimtzicke“ ist eine Sammlung vielfältiger Bühnenauftritte, die sich für kleine Inszenierungen im Klassenverband oder für die Erarbeitung im Deutschunterricht eignen. In der Freiarbeit können die Szenen in Partner-/ Gruppenarbeit selbstständig eingeprobt und inszeniert werden. Das Material eignet sich für Mitwirkende verschiedenen Alters und für zahlreiche Anlässe.

40 Kopiervorlagen

Nr. 10 948 **12,80 €**

Literaturunterricht

Kohls Deutschwerkstätten für einen aktiven & modernen Unterricht

Kohls große Literaturwerkstatt: Die Lernwerkstatt geht auf alle relevanten Literaturformen im Deutschunterricht ein. Die Arbeitsblätter sind gefüllt mit zahlreichen interessanten Beispielen aus der deutschen Literaturgeschichte. Dabei haben die einzelnen Arbeitsschritte folgende Ziele: 1. Sich in erzählte Situationen und Personen einfühlen; 2. Entscheidungen treffen; 3. Daraus Handlungen ableiten. Es wird fleißig gelesen, gesprochen, diskutiert und entschieden. So entsteht Motivation und Begeisterung – Begeisterung für Literatur!

Kohls große Balladenwerkstatt: Eine vielseitige und zugleich moderne Lernwerkstatt. Mit den hier vorgelegten Balladen und den Aufgaben erfahren die Schüler wesentliche Merkmale einer Ballade: 1. Eine zentrale Handlung berichtet von einem ungewöhnlichen und meist tragischen Einzelfall; 2. Balladen können einen magischen Zusammenhang von Mensch und Natur aufzeigen oder... 3. ...die schicksalhafte Kraft unlöslicher Liebe; 4. Politische Balladen setzen sich sozialkritisch mit aktuellen Themen auseinander. Wecken Sie damit Begeisterung für Balladen!

Kohls große Literaturwerkstatt *(46 Kopiervorlg.)* **Nr. 10 895** **14,80 €**
Kohls große Balladenwerkstatt *(46 Kopiervorlg.)* **Nr. 10 896** **14,80 €**

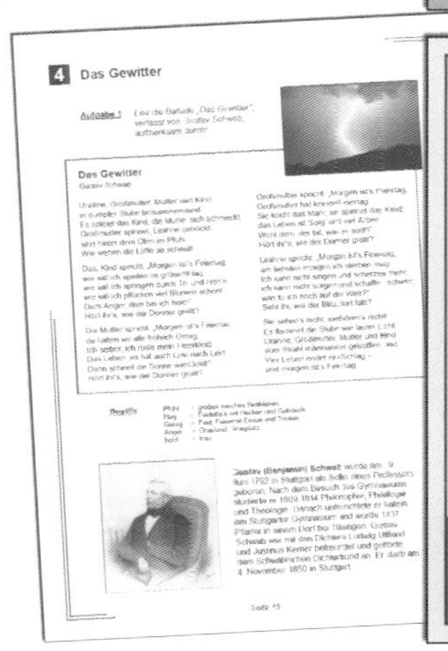

Aufsatz & Freies Schreiben

Lernwerkstatt Aufsatztraining

Fast jeder Schüler kann lesen und schreiben. Aber dabei auch noch gut zu formulieren – dies fällt den meisten dann doch schwer. Die Ausdrucksweise unserer Schüler ist oft fehlerhaft. Schnell stolpert man über einzelne Ausdrücke, Fremdwörter, falsch verwendete Begriffe usw.. Viele Schüler haben es schnell aufgegeben, ihren Stil zu verbessern. Das muss nicht sein! Diese Lernwerkstatt versucht Wege zu „gutem“ Deutsch aufzuzeigen. Es wird auf die typischen **sprachlichen Stolpersteine aufmerksam gemacht**. Dies wird unter anderem mit Hilfe von **Wortschatzübungen, Stilübungen und Fehlerbeispielen** erreicht. Bessere Ergebnisse beim Freien Schreiben bleiben da nicht aus! Die Kopiervorlagen wirken motivierend, da die Schüler schnell Fortschritte erzielen können!

48 Kopiervorlagen, mit Lösungen **Nr. 10 678** **12,80 €**

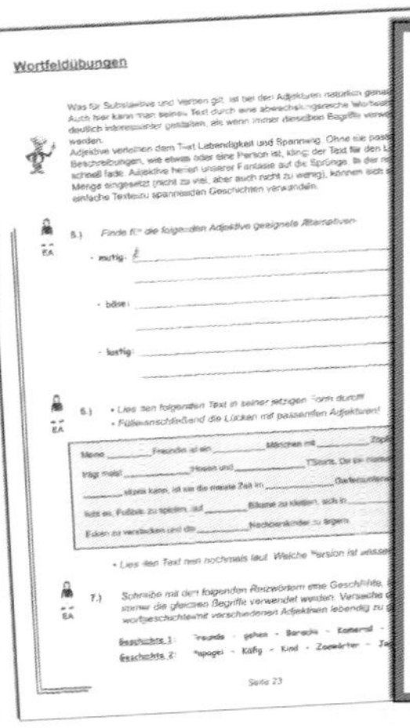

Foto-Love-Story ... Jetzt sind wir die Stars!

Vom ersten Foto bis zur fertigen Story – Foto-Love-Stories begeistern die Schülerinnen und Schüler immer wieder. Diese Kopiervorlagensammlung umfasst Methoden zur Ideenfindung und zur Umsetzung. Elementare Grundkenntnisse zum Entstehen einer Fotostory oder zu wichtigen Merkmalen (z.B. zum Aufbau eines Spannungsbogens) sowie theaterpädagogische Elemente werden erklärt. Ein konkreter Umgang mit der Digital- oder Handykamera genauso wie die Umsetzung mit „Word“ runden diese Sammlung ab. Eine Interessante Musterfotostory gibt einen beispielhaften Anreiz.

Mit einer farbigen vierseitigen Foto-Love-Story als Beispiel in der Heftmitte.

TIPP! **48 Kopiervorlagen** **Nr. 11 057** **15,80 €**

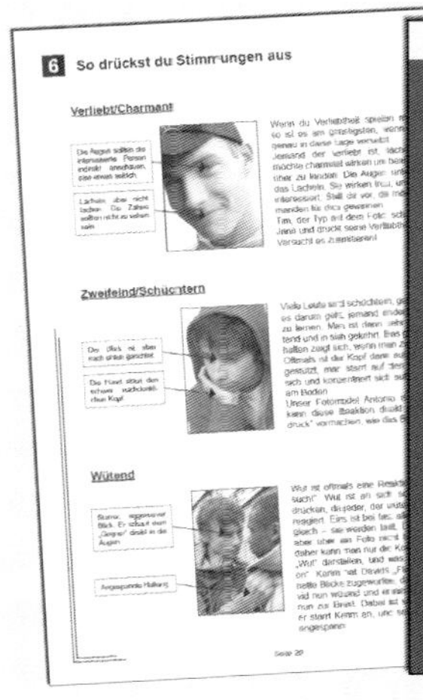

Kohls neue Reihe „Praxis Deutsch“ für die Sekundarstufe

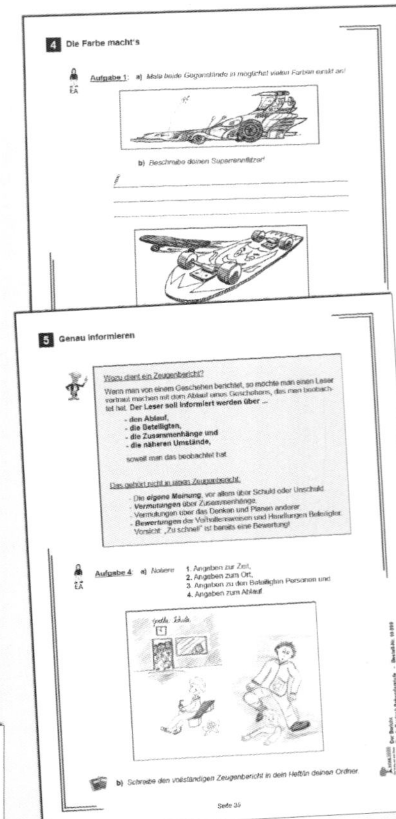

Aufsätze überhaupt und freies Schreiben sowieso stellen für manche Schüler in der Sekundarstufe eine große Herausforderung dar. Selbst der Schwächste kann durch gezielte Übungen jedoch auch passable Ergebnisse erzielen! Unsere neue Lernreihe „Praxis Deutsch“ unterstützt Sie und Ihre Schülerinnen und Schüler beim täglichen Aufsatzunterricht. Jedes Themenheft enthält fertig ausgearbeitete und sofort einsetzbare Stundenbilder und dazu passende Kopiervorlagen zum selbstständigen Arbeiten. Das sind Klasse(n) Aufsatzstunden für einen kreativen Deutschunterricht!

Die Inhaltsangabe *(44 Kopiervorlagen)*	**Nr. 10 898**	**13,90 €**
Der Bericht *(64 Kopiervorlagen)*	**Nr. 10 899**	**15,90 €**
Die Beschreibung *(50 Kopiervorlagen)*	**Nr. 10 900**	**13,90 €**
Die Nacherzählung *(40 Kopiervorlagen)*	**Nr. 10 901**	**12,90 €**
Die Erörterung *(28 Kopiervorlagen)*	**Nr. 10 902**	**10,90 €**
Das Protokoll *(32 Kopiervorlagen)*	**Nr. 10 903**	**11,90 €**
Das Referat *(28 Kopiervorlagen)*	**Nr. 10 904**	**10,90 €**
Die Funktionsbeschreibung *(28 Kopiervorlagen)*	**Nr. 11 001**	**10,90 €**
Das komplette Paket „Praxis Deutsch“	**Nr. 40 138**	**nur 86,99 €**

Basistraining Aufsatz

Fertig ausgearbeitete sofort umsetzbare Arbeitsblätter. Die Aufgaben sind leicht und für jeden verständlich! Jede Unterrichtsstunde wird mittels ausführlichem Ablaufplan sowie Hinweisen und Tipps (z.B. Tafelbilder) vorbereitet. Hinzu kommen konkrete, abwechslungsreiche Arbeitsaufträge. Hierbei wird trainiert, den „Lesestoff“ neu anzuordnen, zu erweitern sowie spannend, anschaulich und lebendig zu erzählen. Jedes Stundenbild schließt mit einer vorgeschlagenen Hausaufgabe.

Erzählen nach Bildern und Bildfolgen *(14 Seiten)*	**Nr. 10 001**	**6,90 €**
Fantasieerzählung *(16 Seiten)*	**Nr. 10 002**	**6,90 €**
Fortsetzung einer Erzählung *(14 Seiten)*	**Nr. 10 003**	**6,90 €**
Fabeln verändern und erfinden *(14 Seiten)*	**Nr. 10 004**	**6,90 €**
Ausgestaltung eines Erzählkerns *(16 Seiten)*	**Nr. 10 005**	**6,90 €**
Genau beobachten - treffend beschreiben *(16 S.)*	**Nr. 14 059**	**6,90 €**
Wie geht das denn? (Rezepte, Anleitungen) *(18 S.)*	**Nr. 14 060**	**6,90 €**

Das Komplettpaket:
Nr. 40 139 nur 43,99 €